くわしすぎる構造力学演習

I
M・Q・N図編

岡田 章 ＋ 宮里直也

彰国社

はじめに

　美しくて安全な建築物の構造を考えることは、時間を忘れるほど楽しい、創造的な活動です。この構造デザインに携わるためには、構造力学の基礎知識とそれを通じて得られる感覚が必須となります。

　ところが、構造力学に苦手意識を持つ人が少なくありません。構造力学の修得には、高校の物理や数字の知識は、ほとんど不要であるにもかかわらず、不思議なことです。大学で構造力学を教えていると、学生が構造力学から離れていく瞬間を感じることがあります。学生のつまずきの時期や理由は様々ですが、共通しているのは、理屈は理解していても、いざ演習問題に向かうと解けなくなる、あるいは意欲的に解こうとしない、ということが挙げられます。

　これが本シリーズを書くに至った理由です。本文は、構造力学の理論的な解説をできるだけ省略し、問題を解くことを通じて、構造力学の楽しさを味わいながら自然と理論が身に付くことを目的としています。そのため、問題を解く手順を最初に提示し、この定められた手順に従って<基本問題>を解く、といった構成となっています。基本問題は一級建築士レベルのものを選んであります。ぜひ、一級建築士レベルの問題がいかに簡単に解けるか、を味わってください。

　具体的にいうと、章の冒頭で解法の手順をまとめたものが<Method>、手順の肝を述べたのが<Point>です。そのあとに続く<check>（例題）はPointの理解度を確認するために設けてあります。

　<information>はPointで紹介したことを有効に使うための背景や、基本問題を解くための公式など、知っておいてほしい内容をまとめたもので、必読事項です。<Memo>は、重要項目を改めて短くまとめたものです。この他、基本問題には<Navi>も設け、着眼点をまとめてあります。

　<Supplement>には、理論的な背景や理解を深めるための補足をまとめてあります。余裕があれば読むことをお薦めします。各章末の<challenges>は一級建築士レベルを超えた問題で、応用問題と捉えていただいて結構です。

　本シリーズを通じて構造力学のおもしろさに気づく人が少しでも増えることが著者たちの望みです。明日を担う構造エンジニアの誕生の一助になれば幸いです。

[目次]

005　**1章**　反力を求める

027　**2章**　ある点の断面力を求める

053　**3章**　片持梁の断面力図を描く

081　**4章**　単純梁の断面力図を描く

115　**付録**　力の定義／力の合成／力の分解／力の釣合いと示力図

［デザイン］　榮元正博

1章

反力を求める

1章 反力を求める

Level Up!

「反力」とは……
構造物に加わる力（外力）に抵抗するために、構造物を支えている点（支点）に生ずる力のこと。

基礎知識

◉ **外力と反力は釣り合っていなければならない。**
　→「釣合条件」を用いて反力は求まる。
　→反力を求めるためには架構の形は関係がない。外力・支点の種類と位置により定まる。
◉ **「釣り合う」ための2条件：「移動しないこと」かつ「回転しないこと」。**
◉ **反力を求めるには「数式解法」と「図解法」の2つの方法がある。**

method

【数式解法】
ここでは「数値解法」の手順を示す。
「図解法」は基本問題中のInformationで紹介する。（→ P. 16、18、20）

❶ 反力の方向を仮定する。……………………………… Point 1
❷ それぞれの反力に対して釣合方程式を立てる。…… Point 2
❸ 釣合方程式を解いて反力を求める。………………… Point 3

【数式解法の手順】

Point 1 反力の方向の仮定

支持点（支点）の種類に応じて反力の方向を仮定する（方向は任意である）。

支点は、構造物が安全であるためと、その部分の移動や回転が生じないように拘束している。反力は、拘束していることにより生じている。主な支点には、以下の3種類がある。

①「ローラー」………**移動端（Roller End）**
支持面（レールをイメージすればよい）に沿って自由に滑るように移動し、さらに回転も可能な支点。反力はレールと直交する方向にしか生じない。モデル図は回転可能な三角形（△）とレールを表す直線（－）を組み合わせて表す。この他、△とレールの間に車輪をイメージした○を2つ加える表現もある。

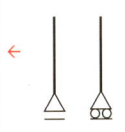

← ローラーの表示いろいろ。

②「ピン」………**回転端（Pinned End、Hinged End）**
どの方向にも移動できないが、回転は自由にできる支点。この支点の反力は回転軸の中心を通る力であり、解きやすいように、2方向の力に分解して、直交する2つの力で表す。モデル図は頂点で回転可能な三角形（△）で表わす。

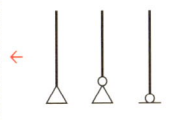

← ピンの表示いろいろ。

③「固定端」**（Fixed End）**
移動も回転もできない支点で、反力はピンと同様の2方向の力と、回転の拘束力としてモーメント力が生じる。モデル図は1本の棒を地面に突きさしたイメージで表わす。

主な支点のモデル図と反力

名称	ローラー	ピン	固定
モデル図			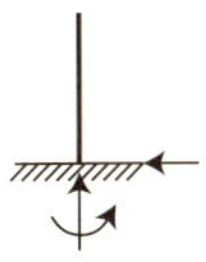
反力数	1	2	3

← 左の代表的な支点以外にもいろいろ考えられる。例えば、回転と鉛直方向の移動を拘束した支点などもある。

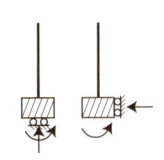

Point 2 釣合条件式

「移動しない」、「回転しない」という釣合いの条件を数式で表したものが、釣合条件式（釣合方程式）である。式への変換を以下に示す。

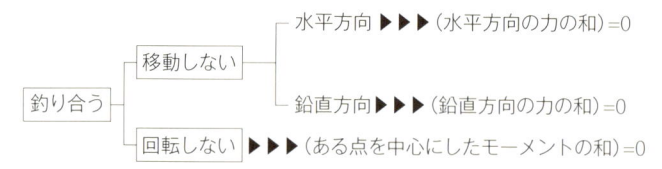

```
釣り合う ─┬─ 移動しない ─┬─ 水平方向 ▶▶▶ （水平方向の力の和）=0
          │              └─ 鉛直方向 ▶▶▶ （鉛直方向の力の和）=0
          └─ 回転しない ▶▶▶ （ある点を中心にしたモーメントの和）=0
```

式で書くと、次のようになる。

$$\begin{cases} \sum X = 0 & \cdots\cdots（X方向の力の和）=0 \\ \sum Y = 0 & \cdots\cdots（Y方向の力の和）=0 \\ \sum_A M = 0 & \cdots\cdots（ある点Aを中心にしたモーメントの和）=0 \end{cases}$$

←方程式が3つ立てられるため、未知数である反力が3個の場合、解くことができる。
→反力の数が4以上の場合、釣合条件だけで、反力を求めることはできない。

＊「回転」とは架構全体の回転を表わす。下の例では、水平方向と鉛直方向の力は釣り合っているが、回転が生じるのは理解できるであろう。力を用いて説明すると、「偶力（大きさが同じ、逆方向の平行な2つの力）により回転が生じる」と表現できる。

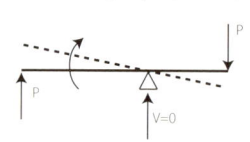

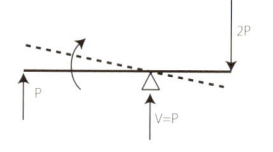

Point 3 反力を求める

釣合条件（手順②の連立方程式）を解くと反力が求まる。このとき得られた答えが（＋）、（－）によって反力の方向が次のようになる。

$$解が \begin{Bmatrix} (+) \\ (-) \end{Bmatrix} \Rightarrow 反力の方向が、①の仮定と \begin{Bmatrix} 同じ方向 \\ 逆\ 方向 \end{Bmatrix}$$

←正確には3個の式が独立てないと解は得られない（P.11 Supplement Ⅱ 参照）。
$\sum X=0$、$\sum Y=0$、$\sum_A M=0$の3つの連立方程式を立てると、独立した3つの式が立てられると考えてよい。

CHECK 〈問題〉

A点のローラーとC点のピンの反力を求めよ。

← ピン（△）とローラー（△）の2つの支点で支持されている時「単純支持」と呼ぶ。

CHECK 〈解答〉

①反力の仮定：ローラーに1つ、ピンに2つの反力を仮定し、それぞれに名称を付ける。

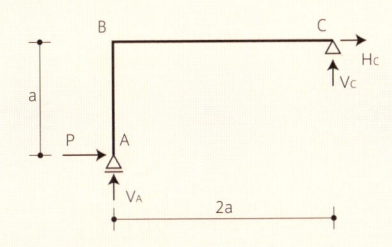

← V、Hなどの反力の名称は自由に付けてよいが、ここでは次の法則に沿った。

V_A：A点に生じる鉛直方向の反力
V_C：C点に生じる鉛直方向の反力
H_C：C点に生じる水平方向の反力

＊VはVertical（鉛直方向）、HはHorizontal（水平方向）の略。

②釣合条件

$$\begin{cases} \sum X = \vec{P} + \vec{H_C} \equiv 0 \cdots\cdots\cdots(1) & （水平方向）\\ \sum Y = V_A(\uparrow) + V_C(\uparrow) \equiv 0 \cdots(2) & （鉛直方向）\\ \sum_C M = Pa - V_A(2a) \equiv 0 \cdots\cdots(3) & （C点中心のモーメント）\end{cases}$$

← $\sum X = \vec{P} + \vec{H_C}$
$\sum X = 0$
をまとめて、「≡」を用いて式（1）のように書いた（他の式も同じ）。

← V_C、H_Cは、C点に向う力のためC点を中心としたモーメントを生じさせない。

[式の立て方]

例えば、ΣX（水平方向の力の和）は、「(i) 水平方向の力をすべて書く、(ii) それぞれの力に方向を矢印で表す、(iii) 右方向の矢印を（＋）として、各力の前に（＋）（－）を付ける」という手順で求める。

← (ii)において、左方向を（＋）にしても結果は同じ。この場合、式（1）は
$\sum X = -\vec{P} - \vec{H_C} \equiv 0$
となる。

同様に、$\sum_C M$（モーメントの力の和）は「(i) ある点（ここでは点C）を中心としたモーメント（回転）を考える、(ii)（各地からの大きさ）と（各力と(i)で定めた中心点との距離：各力の作用線と中心点との最短距離）を掛け合わせる、(iii) 時

計方向あるいは反時計方向の回転を(＋)と仮定し、その逆方向を(－)として、各回転力の前に(＋)(－)を付ける」という手順で求める。前頁の例では反時計回りを(＋)としているが、時計回りを(＋)としてもよい。

③**反力**：②の連立方程式を解く。

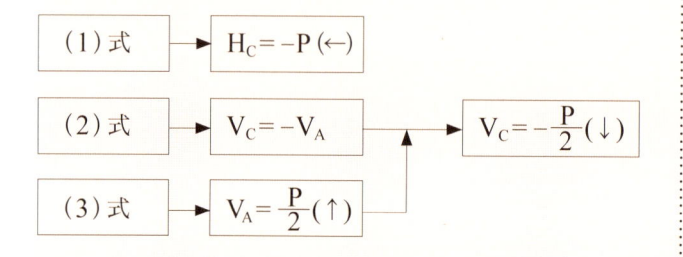

(1)式 → $H_C = -P (\leftarrow)$

(2)式 → $V_C = -V_A$ → $V_C = -\dfrac{P}{2} (\downarrow)$

(3)式 → $V_A = \dfrac{P}{2} (\uparrow)$

← H_C と V_C は、負(－)で求まったため、反力の方向は、仮定方向と逆方向になる。こうして求めた正解の方向を解の後ろに( )付きで示しておくとよい。

得られた反力を図で示す。

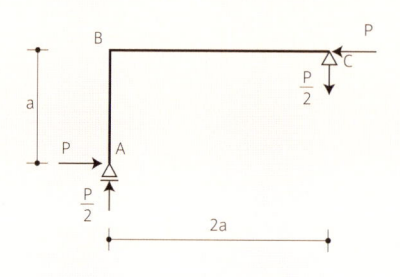

Memo

「反力を求める」ことと「架構はどんな形をしているか」は無関係。外力と支点の種類と位置のみが関係する。
例えば下の図は、すべて反力は同じになる。外力の大きさと作用線の位置、反力の作用線の位置はすべて同じであるからである。

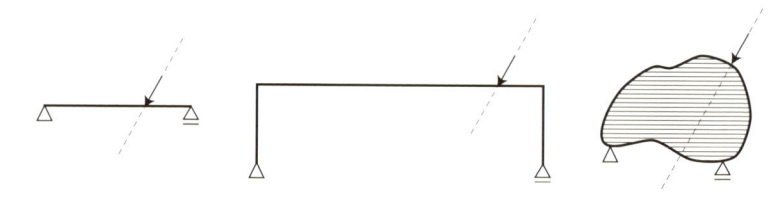

supplement I 釣合条件式の独立

釣合条件の連立方程式は独立していなければならない。前記のcheck問題でA点あるいはB点を中心としたモーメントの釣合条件は以下のようになる。

$$\sum M_A = H_c a - V_c(2a) \equiv 0 \cdots (4)$$

$$\sum M_B = Pa + V_c(2a) \equiv 0 \cdots (5)$$

式(4)と式(5)の和は

$$H_c a + Pa = 0 \quad \therefore H_c + P = 0$$

となり、式(1)と同じになる。つまり「式(1)、(4)、(5)の内、2つの式から残りの式が導ける」ということである。

いいかえれば、もし式(1)、(4)、(5)の連立方程式を立てても、解が求まらない場合、「式(1)、(4)、(5)は互いに独立していない」と表される。

これを避けるために、反力を求める際には、$\sum X=0$、$\sum Y=0$、$\sum_i M=0$の3つの連立方程式を立てればよい（$\sum_i M$はある点iを中心にしたモーメントの釣合い）。

supplement II 不安定な架構の反力

反力が3つ存在しても、解が求まらないことがある。これは、架構が不安定な場合である。例えば、下のような架構を考える。

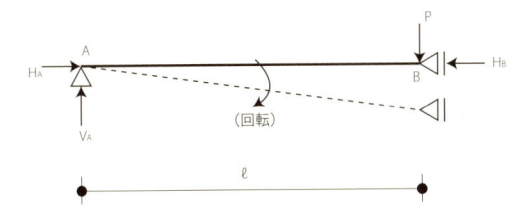

荷重が加わると部材ABは、A点を中心にして回転が生じるため、釣り合っていない。
この架構に対して釣合条件式を書くと以下のようになる。

$$\sum X = \vec{H}_A - \overleftarrow{H}_B \equiv 0 \cdots (1)$$

$$\sum Y = V_A(\uparrow) - P(\downarrow) \equiv 0 \cdots (2)$$

$$\sum_A M = P\ell \equiv 0 \cdots (3)$$

この内、式(3)は$\ell \neq 0$であるため成立しない（P=0以外成立しない）。
このように反力が3つあっても釣合条件が解けない場合がある。

基本問題1　　単純支持+集中荷重

次の単純支持された架構(a)〜(d)の支点部A、Bにおける反力を求めよ。

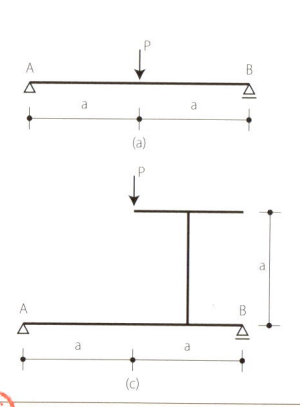

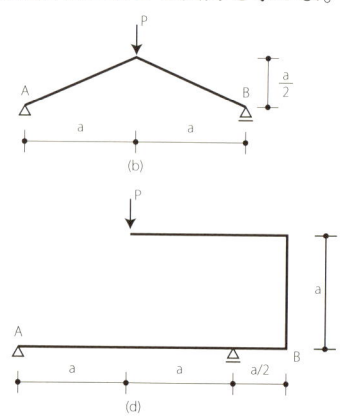

Navi
- 手順に従って解けば、簡単に求まる。
- (a)〜(d)の外力Pの作用線と支点A、Bの反力の作用線の関係はどうか、考えてみよう。
- 水平方向の釣合い($\Sigma X=0$)より、A点の水平反力は明らかにゼロ。
- ローラーとピンそれぞれ1つずつで支持されている場合、「単純支持」と呼ばれる。

【(a)の解答】
①反力の仮定

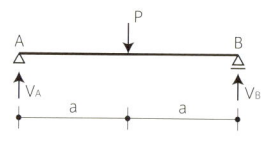

②釣合条件から反力を求める。

$$\begin{cases} \Sigma Y = V_A(\uparrow) + V_B(\uparrow) - P(\downarrow) \equiv 0 \quad \cdots (1) \\ \Sigma_A M = Pa - V_B(2a) \equiv 0 \quad \cdots (2) \end{cases}$$

(1)式 → $V_A = P - V_B$ → $V_A = \dfrac{P}{2} (\uparrow)$

(2)式 → $V_B = \dfrac{P}{2} (\uparrow)$

③反力図

$V_A = P/2$　　$V_B = P/2$

←Point 1
←A点の水平反力(H_A)は明らかにゼロのため、最初から仮定していない。

←Point 2, 3
←$\Sigma Y = 0$と $\Sigma Y = V_A + V_B - P$を合体させた式。

←$\Sigma_A M$は「A点を中心としたモーメントの釣合い」の意味。

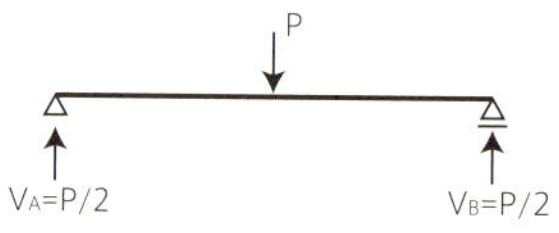

【(b)〜(d)の解答】

外力Pの大きさと方向が同じで外力と反力の作用線の位置も同じであるため、結果は(a)と同じになる。

← 重要。P.13の[Memo]参照。

> **Memo**
> 外力の大きさと方向、支持方法、外力と反力の作用線の関係などが等しい場合、反力(大きさ、方向、位置)は等しくなる。

Example

次の架構の支点反力はすべて同じになる。

← ・すべて固定端
　・外力Pの大きさ:同じ
　・Pと固定端の距離:同じ

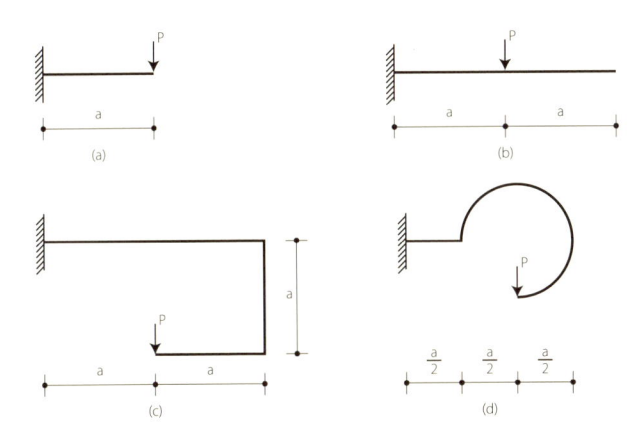

(a) (b) (c) (d)

反力は以下のようになる(A点の水平反力は明らかにゼロ)。

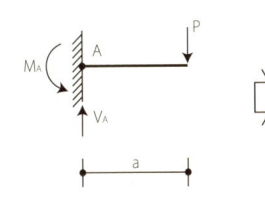

$$\sum Y = V_A(\uparrow) - P(\downarrow) \equiv 0$$
$$\sum{}_A M = M_A - Pa \equiv 0$$
$$\therefore V_A = P(\uparrow),\ M_A = Pa$$

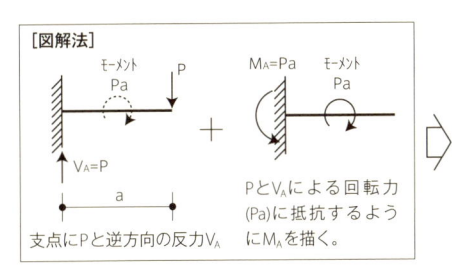

[図解法]

モーメント Pa ＋ $M_A = Pa$ モーメント Pa

支点にPと逆方向の反力V_A
PとV$_A$による回転力(Pa)に抵抗するようにM_Aを描く。

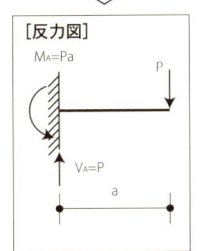

[反力図]
$M_A = Pa$
$V_A = P$

← 図解法については、P16 [information]で解説。

基本問題 2　単純支持+集中荷重

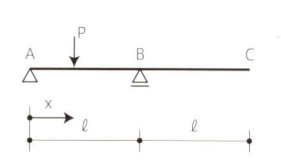

片持部分を持つ単純支持梁にA点から距離xの位置に集中荷重Pが加わっている。Pの位置が$x=0$から$x=2\ell$まで変化するとき、A、B点の鉛直反力V_A、V_Bとxの関係を求めよ。

Navi
- xの位置にPが加わった単純支持梁に対して、手順に従って反力を求めればよい。
- A点の水平反力は明らかにゼロ。
- 横軸にx、縦軸にV_A、V_Bを取ったグラフを描いてみよう。

【解答】

①反力の仮定。

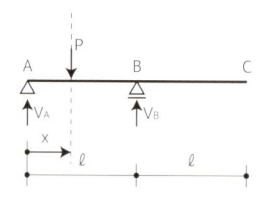

②釣合条件から反力を求める。

$$\sum Y = V_A(\uparrow) + V_B(\uparrow) - P(\downarrow) \equiv 0 \quad \cdots\cdots (1)$$

$$\sum_A M = Px - V_B \ell \equiv 0 \quad \cdots\cdots (2)$$

(1)式 → $V_A + V_B = P$ → $V_A = P\left(\dfrac{\ell - x}{\ell}\right)$

(2)式 → $V_B = P\left(\dfrac{x}{\ell}\right)$

$$\therefore V_A = \frac{\ell - x}{\ell} P(\uparrow),\quad V_B = \frac{x}{\ell} P(\uparrow) \quad \cdots\cdots (3)$$

③xとV_A、V_Bの関係。

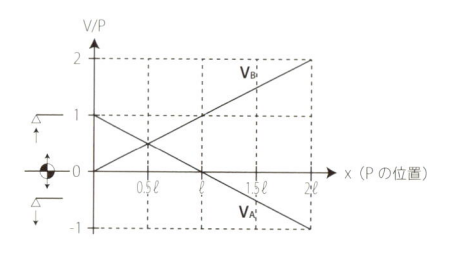

←Point 1

←Point 2, 3

←[反力図] 荷重Pの位置がB点より右にあると、V_Aは下向きとなる。

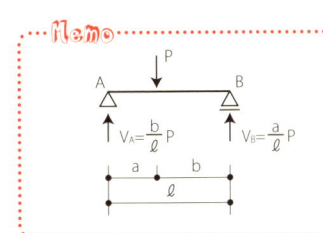

> **Memo**
>
> 基本問題2で、
> x=a、ℓ−x=b を代入すると
> 左の関係が得られる。
>
> ←重要な公式。
>
> $V_A = \dfrac{b}{\ell} P$ 、 $V_B = \dfrac{a}{\ell} P$

基本問題3　片持支持＋集中荷重

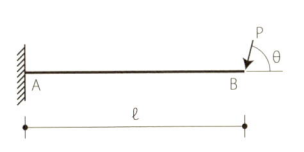

一端が固定端、他端が自由端の梁（片持支持梁）の先端に集中荷重Pが加わっているとき、固定端に生じる反力を求めよ。

Navi
- A点（固定端）に反力を仮定して手順に従って解く。
- 荷重Pを水平方向と鉛直方向に分解して分力を求めたほうが容易に解ける。
- θ が $0 \sim 2\pi$(180°) まで変化すると、反力がどのように変化するか考えてみよう。
- 固定端1つで支持されている場合、「片持支持」と呼ばれる。

【解答】

① 外力Pの分力。

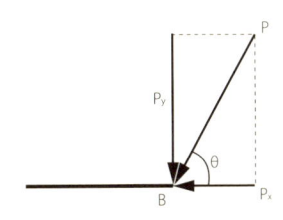

Pの水平方向成分 P_x、鉛直方向成分 P_y を求める。

$$P_x = P\cos\theta 、 P_y = P\sin\theta \cdots\cdots (1)$$

② 反力の仮定。

←Point 1

③釣合条件から反力を求める。　　　　　　　　　　　←Point **2,3**

$\sum X = \overrightarrow{H_A} - \overleftarrow{P\cos\theta} \equiv 0$　　$H_A = P\cos\theta\ (\rightarrow)$ ・・・・・・・・・・・・(2)

$\sum Y = V_A(\uparrow) - P\sin\theta\ (\downarrow) \equiv 0$　　$V_A = P\sin\theta\ (\uparrow)$ ・・・・・(3)

$\sum_A M = \overset{\curvearrowleft}{M_A} - (P\sin\theta)\overset{\curvearrowright}{\ell} \equiv 0$　　$M_A = P\ell\sin\theta\ (\curvearrowleft)$ ・・・・・(4)

④反力図

←モーメントの釣合条件 $\sum_A M=0$ に関しては、Pの分力 P_x、P_y を用いなくても下の図のように求めることができる。

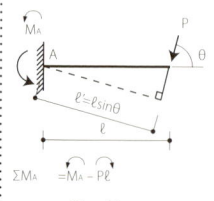

$\sum M_A = M_A - P\ell'$

$= M_A - P\ell\sin\theta \equiv 0$

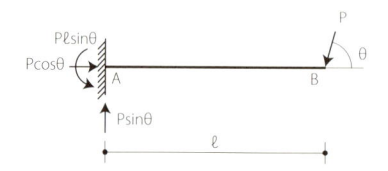

《θによる反力変化》

θ	0	π/2 (90°)	π (180°)
H_A	$P(\rightarrow)$	0	$-P(\leftarrow)$
V_A	0	$P(\uparrow)$	0
M_A	0	$P\ell\ (\curvearrowleft)$	0

information Ⅰ

【図解法で反力を求める手順（片持支持＋集中荷重/等分布荷重）】

①外力と同じ大きさで逆向きの力を固定端部に描く。
この力は反力VとHの合力となる。

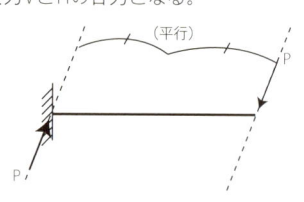

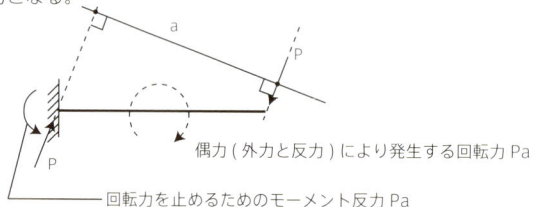

←集中荷重が複数個ある場合は最初に外力の合力を求めておく。

←等分布荷重の場合は以下のように集中荷重に変換する。

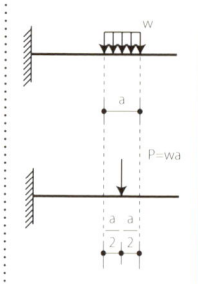

$P = wa$

②外力と反力（偶力となっている）により発生する回転を止めるように、固定端部に逆向きの回転力（モーメント）を描く。これがモーメント反力となる。

偶力（外力と反力）により発生する回転力 Pa

回転力を止めるためのモーメント反力 Pa

基本問題 4 　単純支持+集中荷重

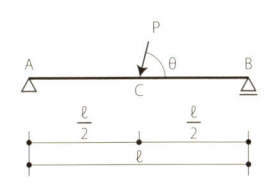

ピンとローラーで支持された単純支持梁に集中荷重Pが加わっているとき、両支点に生じる反力を求めよ。

Navi
- A、Bに反力を仮定して、手順に従って解けばよい。
- 最初に荷重Pを水平方向と鉛直方向に分解して分力を求めたほうが容易に解ける。

【解答】

①外力Pの分力。

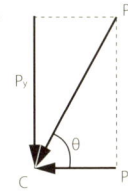

Pの水平方向成分P_x、鉛直方向成分P_yを求める。

$$P_x = P\cos\theta \text{、} P_y = P\sin\theta \cdots (1)$$

②反力を仮定。

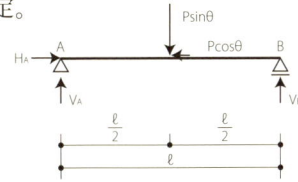

③釣合条件から反力を求める。

$$\sum X = \overrightarrow{H_A} - \overleftarrow{P\cos\theta} \equiv 0 \cdots (2)$$

$$\sum Y = V_A(\uparrow) + V_B(\uparrow) - P\sin\theta(\downarrow) \equiv 0 \cdots (3)$$

$$\sum_A M = \overset{\curvearrowleft}{V_B}\ell - P\sin\theta\left(\frac{\ell}{2}\right) \equiv 0 \cdots (4)$$

(2)式 → $H_A = P\cos\theta (\rightarrow)$

(3)式 → $V_A + V_B = P\sin\theta$ → $V_A = \frac{P}{2}\sin\theta(\uparrow)$

(4)式 → $V_B = \frac{P}{2}\sin\theta(\uparrow)$

←Point 1

←Point 2、3
←$\sum_A M$の式中の $P\sin\theta\left(\frac{\ell}{2}\right)$ は以下のようにしても求まる。

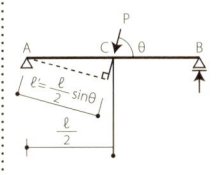

ここでA点を中心としたときのPによるモーメントは

$\overset{\curvearrowleft}{P\ell'} = P\cdot\frac{\ell}{2}\sin\theta$

④反力図

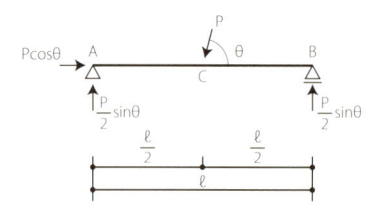

$P\cos\theta$ A ←——— P ———→ B
      △   θ   △
           C
    ↑ $\frac{P}{2}\sin\theta$ ↑ $\frac{P}{2}\sin\theta$

    |— $\frac{\ell}{2}$ —|— $\frac{\ell}{2}$ —|
    |————— ℓ —————|

information Ⅱ

【図解法で反力を求める手順（単純支持＋集中荷重/等分布荷重）】

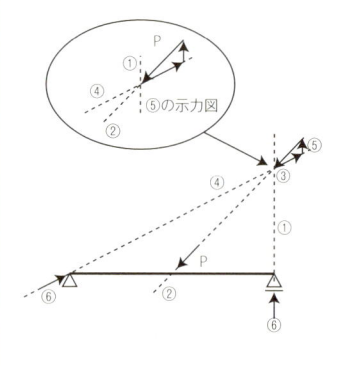

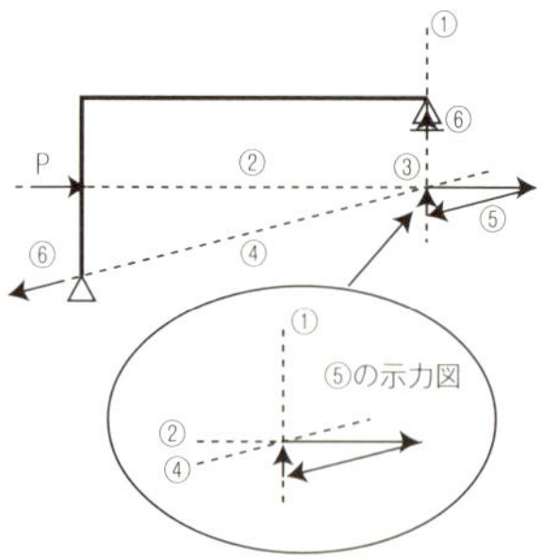

① ローラーのレールに垂直の線を描く。

② 荷重（P）の作用線を描く。

③ 作用線①と②の交点を求める。

④ 交点③とピン支点を結ぶ作用線を引く。

⑤ 1辺がPで、作用線①②④の平行線で描かれる三角形（示力図）を描く。

⑥ 示力図のP以外の力を、作用線に平行な方向に支点部まで移動して反力を求める。

←「3本の作用線が1点で交わる」ということは、「回転しない」という釣合条件を満足しているということである。

←「示力図」とは複数の力により描かれる多角形を示す。1つの力の終点と他の力の始点を結ぶように描かれているため、「閉じた多角形」と呼ばれる。「示力図」は「移動しない」という釣合条件を表している。

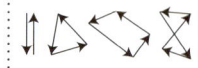

〈示力図（閉じた多角形）の例〉

018

基本問題 5　片持支持/単純支持＋モーメント荷重

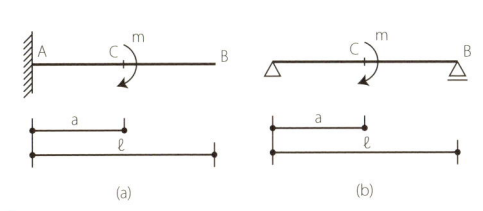

（a）片持支持梁と（b）単純支持梁に図のようなモーメント荷重（大きさm）が加わっているとき、支点部に生じる反力を求めよ。

- モーメント荷重は、架構を回転させようとする力。
- モーメント荷重に抵抗するためには、モーメント反力、あるいは偶力（大きさが同じで方向が逆、作用線が平行な2つの力）の2種類しかない。

【(a)の解答】

①反力の仮定。　←Point 1

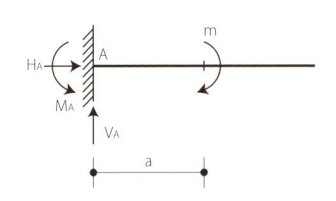

②釣合条件から反力を求める。　←Point 2, 3

$\sum X = \vec{H_A} \equiv 0 \quad \rightarrow \quad H_A = 0$ ……………(1)

$\sum Y = V_A(\uparrow) \equiv 0 \quad \rightarrow \quad V_A = 0$ ……………(2)

$\sum_A M = M_A - m \equiv 0 \quad \rightarrow \quad M_A = m$ ……………(3)

③反力図。

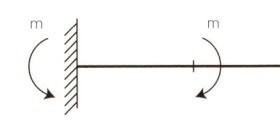

反力の大きさはaに無関係に定まる。すなわち、モーメント荷重がどこの位置に加わっていても、反力は同じになる。

【(b)の解答】

①反力の仮定。　←Point 1

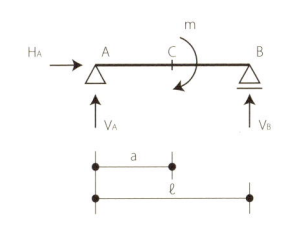

②切断と断面力仮定

$$\sum X = \vec{H_A} \equiv 0 \longrightarrow \boxed{H_A = 0} \cdots\cdots (1)$$

$$\sum Y = V_A(\uparrow) + V_B(\uparrow) \equiv 0 \longrightarrow \boxed{V_A = -\frac{m}{\ell}(\downarrow)} \cdots (2)$$

$$\sum_A M = \overset{\curvearrowleft}{V_B}\ell - m \equiv 0 \longrightarrow \boxed{V_B = \frac{m}{\ell}(\uparrow)} \cdots\cdots (3)$$

←Point 2, 3

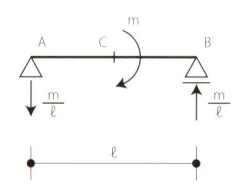

←A、Bの両支点に生じている2つの鉛直反力が偶力（大きさ同じ、逆方向、作用線平行）を形成している。この偶力によるモーメントは、「（力の大きさ）×（2つの力の距離）$=\frac{m}{\ell} \times \ell = m$」であり、回転方向は↶となり、荷重m↷と釣り合っている。

③反力図

information Ⅲ

【図解法で反力を求める手順（単純支持＋モーメント荷重）】

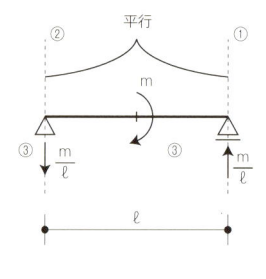

①ローラーのレールに垂直の線を描く。

②作用線①に平行にピンから作用線を引く。

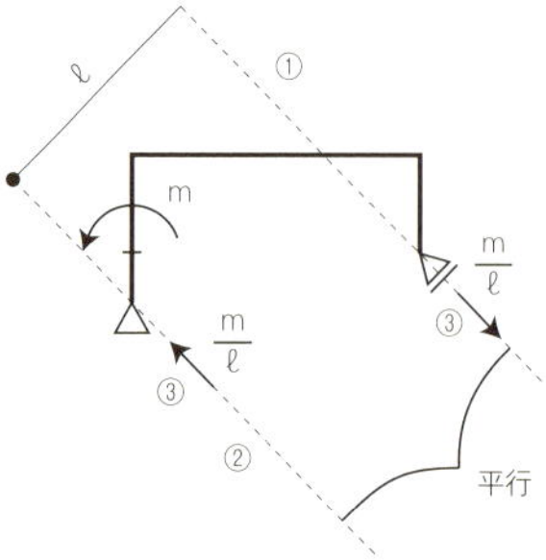

③モーメント荷重の回転方向と逆方向の回転が生じるように、①、②の作用線上に偶力を形成する2つの力（同じ大きさ、逆方向）を描く。これが反力となる。なお反力の大きさは$\frac{m}{\ell}$となる。

←【片持支持＋モーメント荷重】の場合

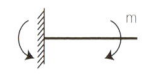

モーメント荷重の回転と逆方向の回転のモーメント反力を固定端に描けばよい。

基本問題6　片持支持+集中荷重/モーメント荷重

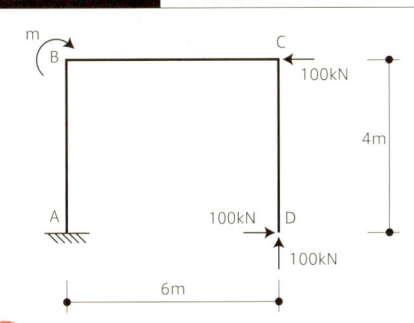

図のような荷重を受けるラーメンにおいて、A点に曲げモーメントが生じない場合、B点に作用するモーメント荷重mの値を求めよ。ただしmは図中に示す矢印の回転方向を「＋」とする。

● 「A点に曲げモーメントが生じない」とは「A点の反力の内、モーメントの反力M_Aがゼロになる」ということと同じ。
● 基本手順に従ってA点に反力を仮定し、M_Aを求める式を求めた後、$M_A=0$に条件からmを求めればよい。

【解答】

①A点に反力を仮定する。

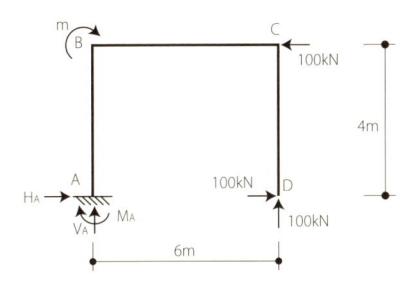

②A点を中心としたモーメントの釣合式は次式となる。

$$\sum\nolimits_A M = M_A + m - 100^{kN} \cdot 4^m - 100^{kN} \cdot 6^m \equiv 0 \quad \cdots\cdots (1)$$

問題より$M_A=0$であるため、(1)式は

$$m - 400^{kN \cdot m} - 600^{kN \cdot m} = 0 \quad \cdots\cdots (2)$$

③(2)式よりmの値が求まる。

$$\boxed{m = 1000 (kN \cdot m)} \quad (\curvearrowleft)$$

←Point 1
固定端Aに3種類の反力(V_A、H_A、M_A)を仮定する。

←Point 2
A点を中心にしたモーメントの釣合条件を立てると、他の未知数(V_A, H_A)は含まれなくなる。またD点の水平荷重100^{kN}はA点を中心としたモーメントを生じさせない。

←左辺の$\sum_A M$は「A点を中心にしたモーメントの和」を表わす。

←$V_A = -100^{kN}$
$H_A = 0$

←mが(＋)になっているため、mの方向は問に示された方向、つまり時計の回転方向であることを表している。

Challenges

1−1 単純支持ラーメンに等分布荷重が加わる場合の反力を求めよ。

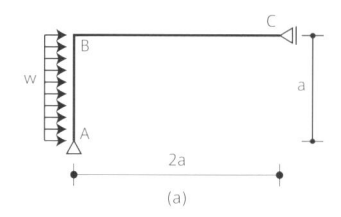

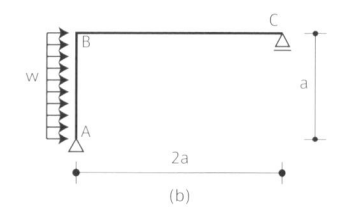

(a)

(b)

1−2 ピン支点（A点）での反力がゼロのとき、Pとwの関係を求めよ。

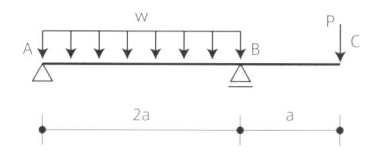

1−3 3つのローラー支点で支持された架構の反力を求めよ。

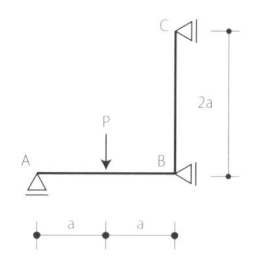

1−4 単純支持された半円弧の架構と弧長あたり一定の大きさの分布荷重wが加わっているとき、反力を求めよ。

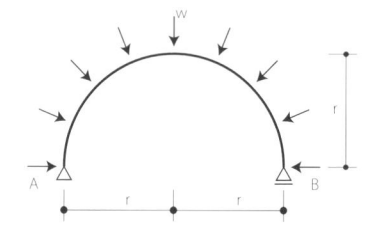

1-5 すべての吊点（I～L）の反力がすべてPとなるとき、CE、ED、FH、HGの長さを求めよ。

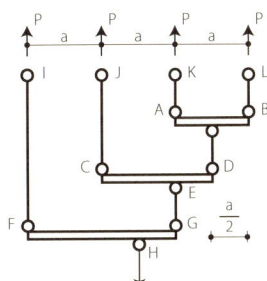

1-6 体重wの人がw/3のおもりを棒の先に付けてシーソーの上に立っている。シーソーは傾くか、検討せよ。ただし棒の重さは無視するものとする。

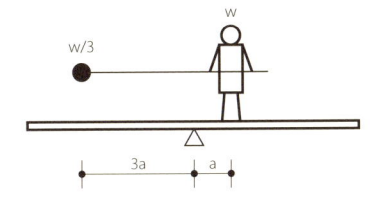

1-7 図のような重さw、半径rの円盤が段差rを乗り超えるために必要な力Pの値を求めよ。

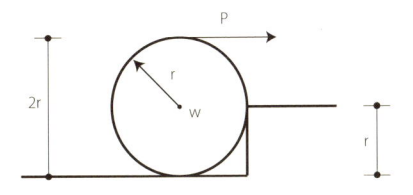

Challenges 解答

1-1 通常の手順通り解けばよい。ローラーの向きにより反力が変化する。

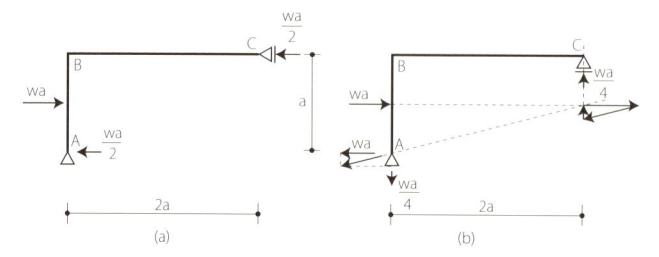

1-2 H_Aは明らかにゼロ。$\Sigma_B M = 0$の釣合条件において、$V_A = 0$とおけば解が求まる。

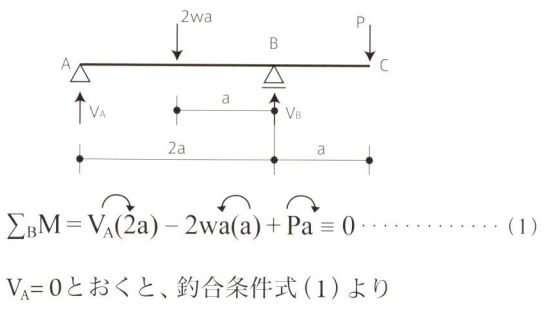

$$\Sigma_B M = V_A(2a) - 2wa(a) + Pa \equiv 0 \cdots\cdots (1)$$

$V_A = 0$とおくと、釣合条件式(1)より

$$-2wa + P = 0 \qquad \therefore P = 2wa$$

1-3 3ローラー問題。図解法の場合は、3つのローラーの内2つのローラーの反力の作用線の交点に、ピンがあると仮定すれば、単純支持と同じになる。

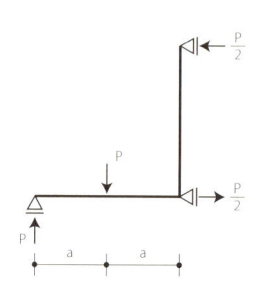

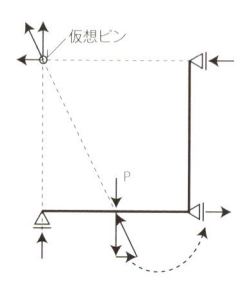

1−4 対称条件によりA点の水平反力は明らかにゼロ。

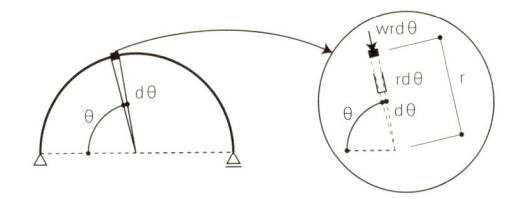

微小部分rdθに加わる荷重の合計はwrdθとなり、さらにこの合力の鉛直成分は、wrdθ×sinθとなる。これを架構に沿って和をとると、

$$P = \int_0^\pi wr\sin\theta \, d\theta = wr\int_0^\pi \sin\theta \, d\theta$$

$$= wr[-\cos\theta]_0^\pi = -wr(\cos(\pi) - \cos(0))$$

$$= 2wr$$

となる。得られた反力は、wを受ける単純梁と等しい。

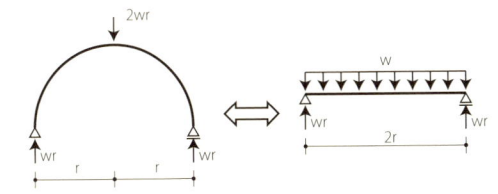

1−5 それぞれの梁に対して、左の性質を用いれば、解が得られる。

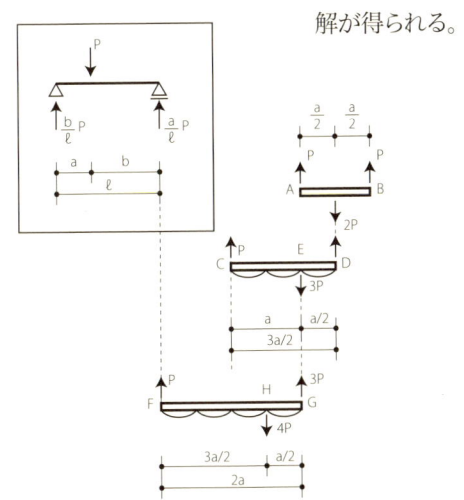

1-6

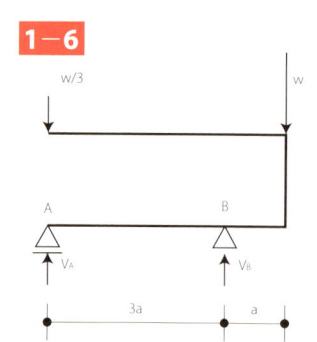

左のようなモデルで考える。B点を中心にしたモーメントの釣合いよりV_Aを求める($V_A<0$なら、シーソーは右に傾く)。ここでローラー支持のA点の位置は任意に設定できる。

$$\sum_B M = V_A(3a) - \frac{w}{3}(3a) + wa \equiv 0$$

∴ $V_A = 0$ →シーソーは傾かない。

←A点の位置は下図のように定めてもよい。

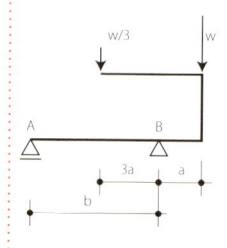

この時、釣合条件は次式となる。
$$\sum_B M = V_A(b) - \frac{w}{3}(3a) + wa \equiv 0$$
∴ $V_A = 0$

1-7

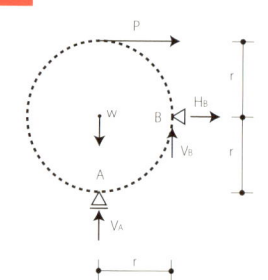

左のようなモデルで考え、B点を中心にしたモーメントの釣合いよりV_Aを求める。$V_A \leq 0$の時に円盤は持ち上がると考える。

$$\sum_B M = V_A r - wr + Pr \equiv 0$$

∴ $V_A = w - P$

円盤が上昇する条件($V_A \leq 0$)を考慮すると、Pの大きさが求まる。

$w - P \leq 0$ ∴ $P \geq w$

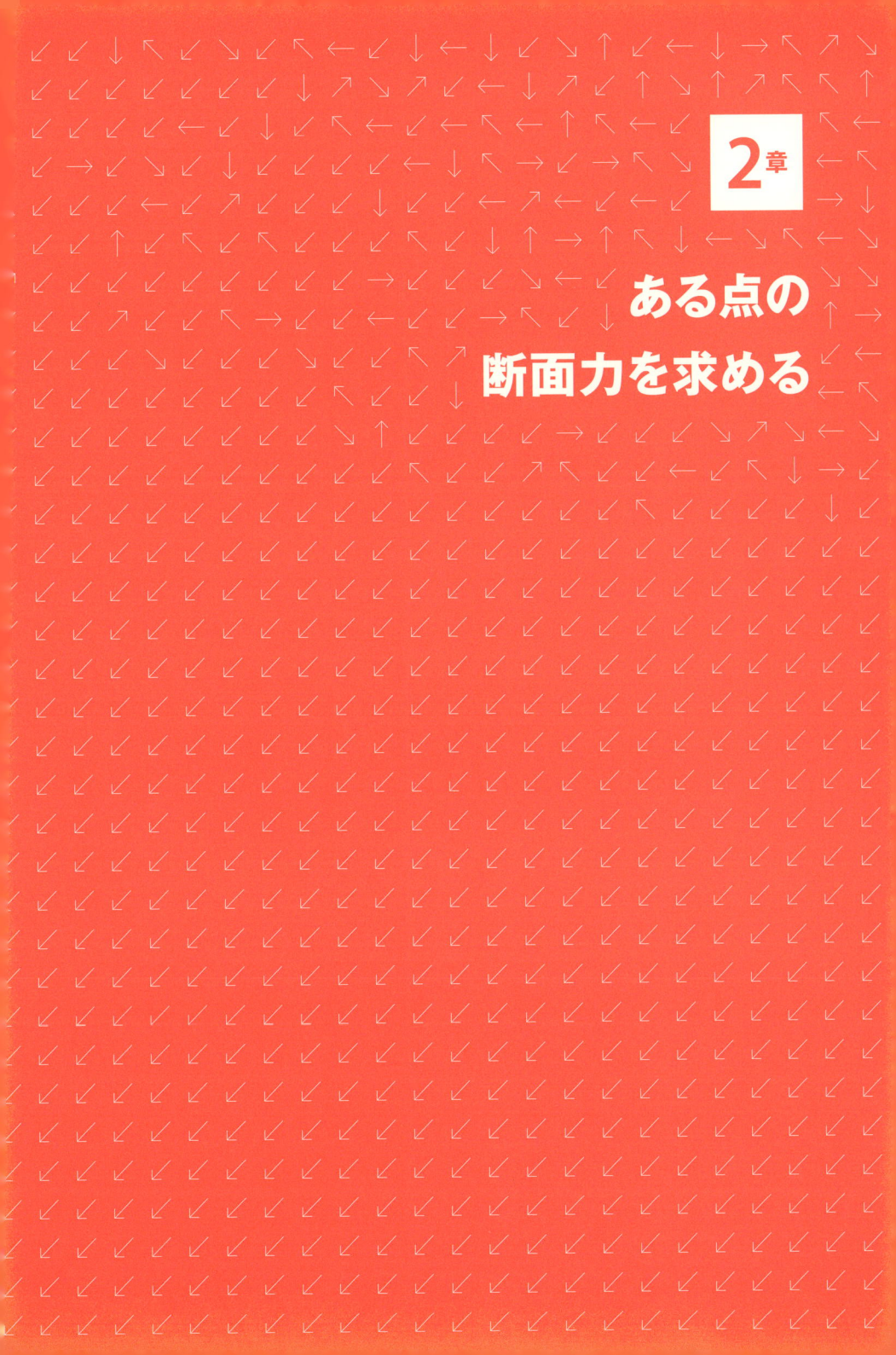

2章

ある点の断面力を求める

Level Up!

2章 ある点の断面力を求める

「断面力」とは……
構造体内部に生じている力。断面力は次の3種類がある。
N：軸方向力(軸力)、Q：せん断力、M：曲げモーメント

基礎知識

● 断面力を求めたい点で架構を仮想的に切断すると、切り口に断面力が現れる。
 → 切り取られた架構図を「自由物体図」という。
● 断面力と外力と反力は釣り合う。
 → 「釣合条件」を用いて断面力は求まる。
● 釣合条件：「移動しないこと」かつ「回転しないこと」

method

1. 反力を求める。 ……………………………………………………… Point 1
2. 断面力を求めたい点で、架構を仮想的に切断する。 ……………… Point 2
3. 切断されて2分割された架構のいずれかを検討対象として選ぶ。
4. 切り口に断面力（N、Q、M）を仮定する。 ………………………… Point 3 4
5. 検討対象部分で釣合条件式を立てて、 ……………………………… Point 5
   方程式を解いて、N、Q、Mを求める。 …………………………… Point 6

Point 1 反力

反力を求めることが第1歩。ただし、片持支持形式で固定端を含まないほうを検討対象とする場合には**反力を求めなくてもよい**。

←「反力」については1章を参照。

028

Point 2 自由物体図

切断して得られた2つの架構を「**自由物体図**」と呼ぶ。検討対象は2つの自由物体図のどちらを選んでもかまわない。ただし、片持形式の場合はPoint 1 を参照のこと。

←P.31のsupplement参照。

Point 3 断面力仮定

検討対象の自由物体図の切り口に、断面力（N, Q, M）を仮定する。断面力の方向は自由に設定してもよいが、通常は**正方向**に仮定するとよい。

←Point 4 参照。

①断面力が正方向の設定。

N **Q** **M**

②切り口から微小な部分を取り出す。

③この微小部分が①の□に相当するように断面力を仮定。

←断面力の正負
　正方向が設定されていないときは、Point 4 を参照。

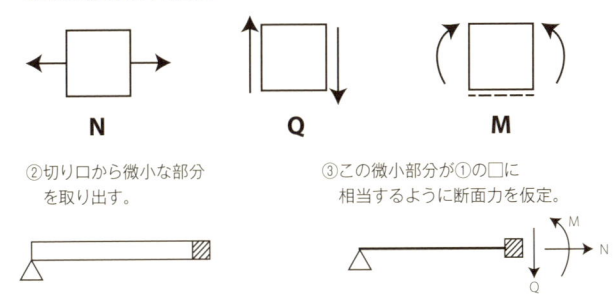

③の図中の▨が①に相当。切り口の矢印は、切り口が▨の右側にあるため、①の右側の矢印を描けばよい。

Point 4 断面力の正負

断面力の方向の正負が決められていないときは、次頁の図を参考にして設定すればよい。

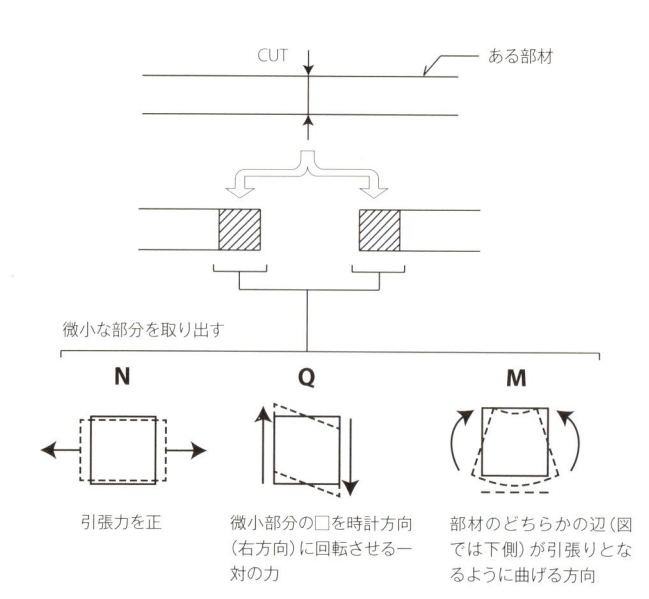

図：
- CUT／ある部材
- 微小な部分を取り出す
- N：引張力を正
- Q：微小部分の□を時計方向（右方向）に回転させる一対の力
- M：部材のどちらかの辺（図では下側）が引張りとなるように曲げる方向

←わが国における一般的な設定方法。

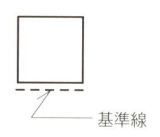

基準線

←Mの場合、どちらかの辺に基準線（---）を描くことが多い。---がついた辺が引張りになるようなMの場合、（＋）となる。

Point 5 釣合条件（自由物体）

「自由物体において、荷重、反力、断面力は釣り合っている」という性質を利用すると、釣合条件から断面力を求めることができる。釣合条件は、

$\sum X = 0$ （水平方向の力の和＝0）
$\sum Y = 0$ （鉛直方向の力の和＝0）
$\sum M = 0$ （任意の点を中心にしたモーメントの和＝0）

←釣り合っている架構から切り取った部分は、釣り合っている。
←「釣り合う」ということは、「移動も回転もしない」ということ。
←3つの独立した方程式なら、$\sum X=0, \sum Y=0, \sum M=0$でなくてもよい。

の連立方程式で表される。
この連立方程式は独立した3つの式から構成されているため、未知数である3つの断面力（N、Q、M）を求めることができる。

Point 6 断面力を求めるコツ

釣合方程式（Point 5）を立てるとき、次のようにすれば、1つの式に1つの断面力（未知数）しか含まれないため、断面力が容易に求まる。

←このコツを使わなくても、もちろん正解は得られる。

$\sum X = 0$：切断された部材の軸に沿った方向の釣合式
$\sum Y = 0$：切断された部材の軸に垂直な方向の釣合式
$\sum M = 0$：切断位置を中心としたモーメントの釣合式

← このように釣合式を立てると、例えば一番上の釣合式にはNのみが含まれ、QとMが含まれないため、この式のみからNを求めることができる。

supplement 自由物体の釣合状態

「自由物体において、外力、反力、断面力が釣り合う」または「釣り合っている架構からある部分を切り出したとき、その部分は釣り合っている」というイメージは理解しにくいかもしれない。ここで、片持梁の先端A点に力を受けて、図のように変形して釣り合った状態を考えてみよう。

この釣合状態では、先端に加わった力は梁ABの中を伝わって、固定端B点に反力を生じさせている。この梁ABの中を伝わる力が、本章で扱っている「断面力」である。梁の中間部のC点で切断して、釣合条件を解くことになるのだが、このことをやさしく言い換えると、次のようになる。

C点で切断して自由物体（AC部材）をつくったとき、元の片持梁におけるAC部分の変形後の形状と、自由物体ACの形状が等しくなるためには、**切り口C点にどのような力が必要か、について考える**。この力が、片持梁のC点における"断面力"である。

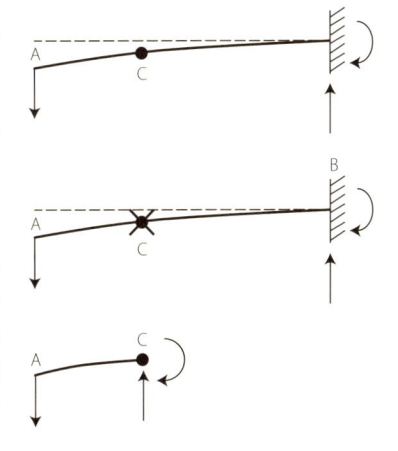

言い換えれば、断面力を考慮すると、自由物体は、**移動も回転もしないで、変形状態を保持した状態**、すなわち**釣合状態**を表わしたものと見なすことができる。

check 問題

次の架構を対象にしてA点の断面力を求めたい。切断して自由物体図を描き、切り口に断面力を示せ。ただし断面力はPoint 4 に図示した方向（正方向）を示すこと。

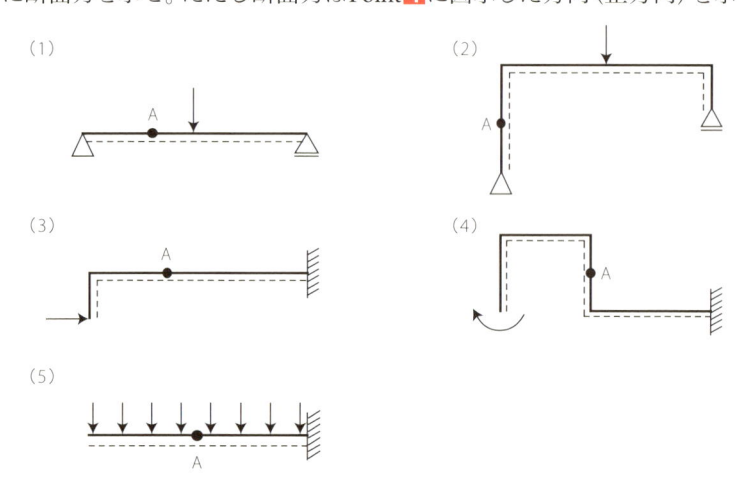

(1)

(2)

(3)

(4)

(5)

Memo

断面力のイメージ

　左図は力に対して抵抗している状態（釣合状態）、右は抵抗できない状態を表している。建築物が荷重に対して釣り合っているとき、すなわち移動も回転もしないで安定しているときには、支点部には反力が生じ、建築物内部には断面力が発生している。いいかえれば、ある荷重に対して抵抗し、「反力と断面力が生まれることで建物は安定する」と考えてよい。

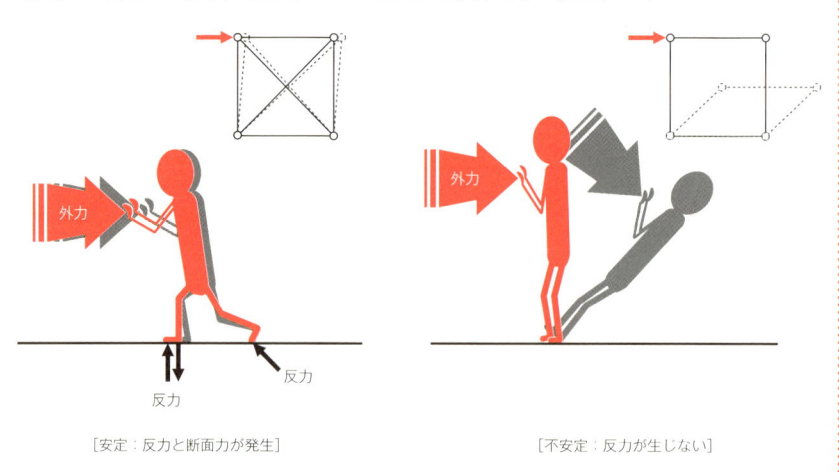

［安定：反力と断面力が発生］　　　［不安定：反力が生じない］

check 解答

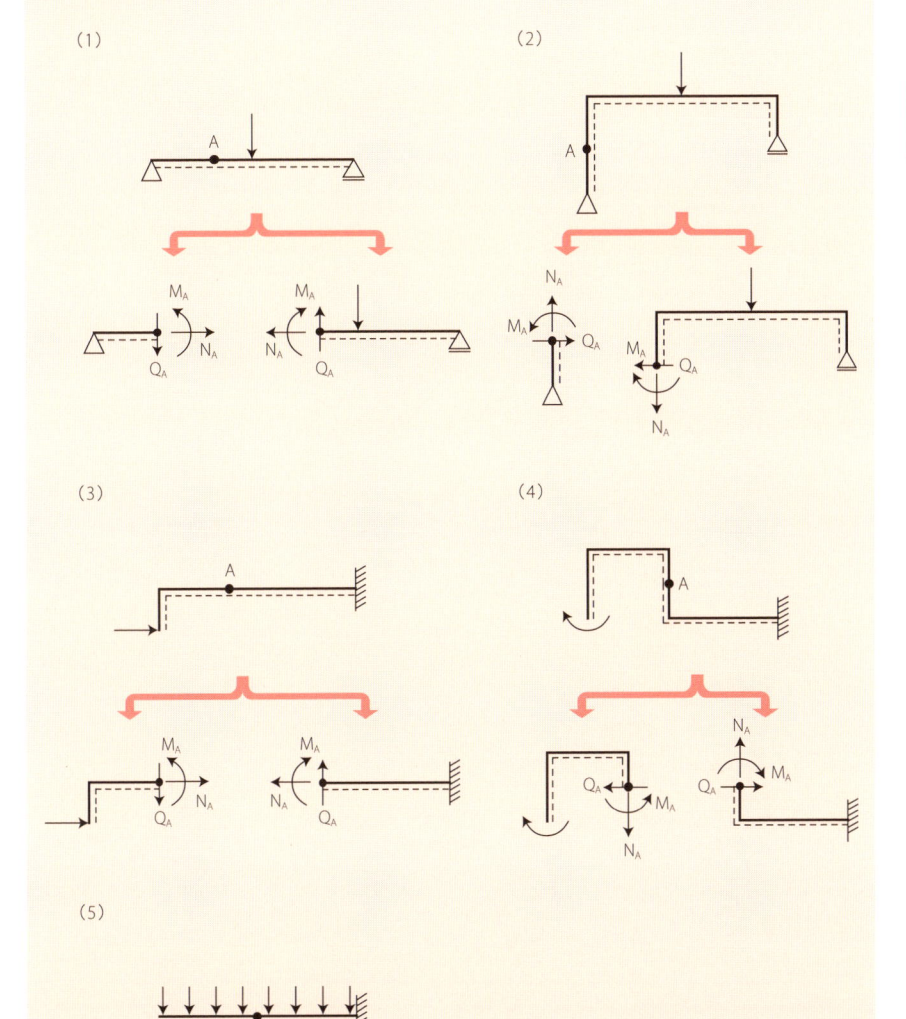

(1) (2) (3) (4) (5)

基本問題1　片持支持梁の断面力（片持支持＋集中荷重）

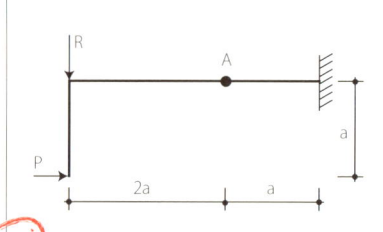

次のような片持支持梁に2つの力P、Rが加わっている。この時A点の曲げモーメントM_Aがゼロになる場合、PとRの比（P/R）を求めよ。ただし、PとRの力の方向は、図の方向を正とする。

Navi
- 基本手順に従って、断面力M_AをPとRで表わし、$M_A=0$となる条件を用いれば答が求まる。
- P、Rいずれかの方向が図と逆になると、P/R＜0となる場合もある。

① A点で片持支持梁を切断して、下図のように切り口に断面力N_A、Q_A、M_Aを仮定する。

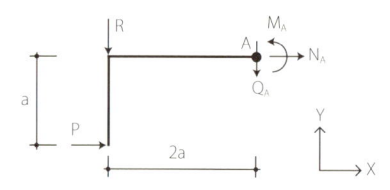

② A点を中心としたモーメントの釣合条件式（釣合方程式）を立てる。

$$\sum\nolimits_A M = P \cdot a + R \cdot 2a + M_A \equiv 0 \quad \cdots\cdots (1)$$

ここで問題より$M_A=0$であるから、（1）式の2項以後は次式となる。

$$P \cdot a + R \cdot 2a = 0 \quad \cdots\cdots (2)$$
$$P = -2R \quad \therefore \frac{P}{R} = -2 \quad \cdots\cdots （答）$$

←Point **1** … 片持支持梁の先端部分を対象としているため、反力は求めていない。
←Point **2**、**3**
←Point **4** … 曲げモーメントの正方向は梁の下側が引張りとなる方向とした。

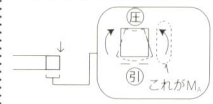

←Point **5**
←Point **6** … 切り口を中心にしたモーメントの釣合式を立てると、N_A、Q_Aは使用しなくてすむ。
- $\sum\nolimits_A M$の添字Aは「A点を中心とした」という意味。
- $\sum\nolimits_A M = f(a)$
- $\sum\nolimits_A M = 0$（釣合条件）
を合わせて$\sum\nolimits_A M = f(a) \equiv 0$と表している。
- 時計の回転方向を(+)としてもよい。結果は同じ。
$\sum\nolimits_A M = -P \cdot a - R \cdot 2a - M_A \equiv 0$も同じ。

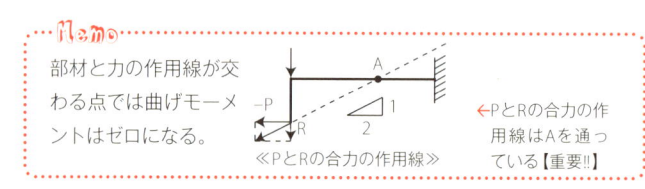

←$\frac{P}{R}$＜0ということは、PまたはRのどちらかの力の方向が問題の図と逆になるということ。

Memo
部材と力の作用線が交わる点では曲げモーメントはゼロになる。
≪PとRの合力の作用線≫
←PとRの合力の作用線はAを通っている【重要!!】

基本問題2　単純支持梁の断面力（単純支持＋集中、等分布荷重）

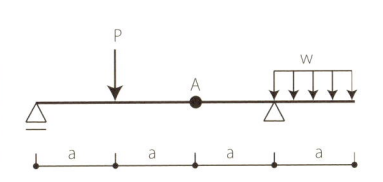

片持部分を持つ単純支持梁に集中荷重Pと等分布荷重wが加わっている。このとき、A点の曲げモーメントM_Aがゼロになる場合、Pとwaの比（P/wa）を求めよ

●基本手順に従って、反力を求めた後に断面力M_AをP、w、aで表わし、$M_A=0$の条件を用いれば答が得られる。

①等分布荷重を集中荷重に変換する。

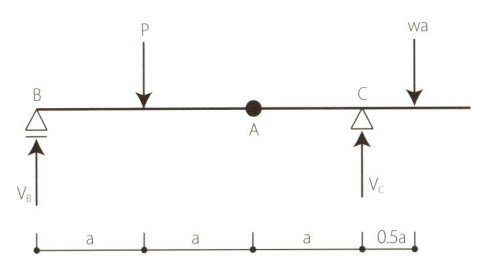

←等分布荷重を集中荷重に変換。大きさはw×a（等分布荷重の加わる長さ）作用点はaの中心位置。

②2つの荷重を別々に考える。

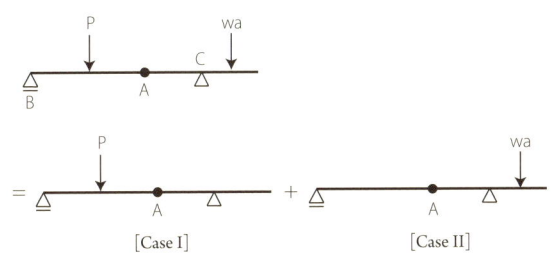

[Case I]　[Case II]

←2つ以上の荷重が加わっている場合、それぞれの荷重を別々に考えると簡単になることが多い。

《Case Iを対象》
③反力を求める。

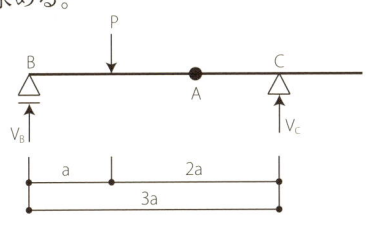

←Point 1
←ピンCの水平反力はゼロになることが明らかであるため、最初から仮定しない。

$$\sum Y = V_B(\uparrow) + V_C(\uparrow) - P(\downarrow) \equiv 0 \cdots\cdots\cdots\cdots (1)$$

$$\sum_C M = V_B \cdot 3a - P \cdot 2a \equiv 0 \cdots\cdots\cdots\cdots\cdots\cdots (2)$$

連立方程式の(1)、(2)式を解く。

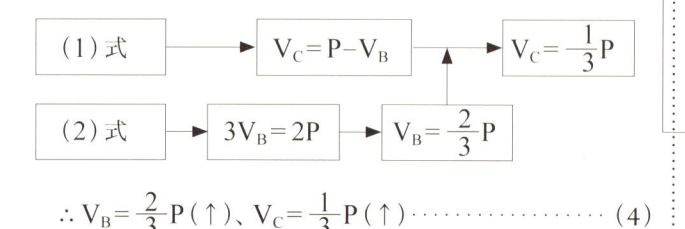

(1)式 → $V_C = P - V_B$ → $V_C = \dfrac{1}{3}P$

(2)式 → $3V_B = 2P$ → $V_B = \dfrac{2}{3}P$

$$\therefore V_B = \dfrac{2}{3}P(\uparrow),\ V_C = \dfrac{1}{3}P(\uparrow) \cdots\cdots\cdots (4)$$

④A点の曲げモーメントM_Aを求める。A点で切断して、右の部分を対象にして考え、切り口に断面力を仮定する。

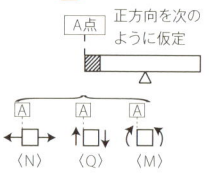

A点を中心にしたモーメントの釣合条件。

$$\sum_A M = M_A - V_C \cdot a \equiv 0 \cdots\cdots\cdots\cdots\cdots\cdots (5)$$

(4)式より、(5)式は

$$M_A = V_C \cdot a = \dfrac{1}{3}P \cdot a \cdots\cdots\cdots\cdots\cdots\cdots (6)$$

$$\therefore M_A = \dfrac{1}{3}P \cdot a$$

《Case Ⅱを対象》

⑤反力を求める。

右側注釈:

Y方向の釣合条件(上向きの力を(+)としたが、下向きの力を(+)としてもよい)。
$\sum Y = V_B + V_C - P \equiv 0$
$\sum Y = 0$(釣合条件)
の2つの式を(1)式ではまとめて示している。

C点を中心にしたモーメントの釣合条件(時計の回転方向を(+)としたが、反時計の回転方向を(+)にしてもよい)。
$\sum_C M = V_B \cdot 3a - P \cdot 2a \equiv 0$、$\sum_C M = 0$
合わせて書いたのが(2)式。

←Point 2、3

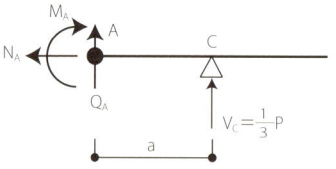

←Point 4

正方向を次のように仮定
A点
⟨N⟩ ⟨Q⟩ ⟨M⟩

←Point 5、6
左辺の「$\sum_A M$」は「A点を中心としたモーメント」を表し、右辺の「M_A」は「A点の曲げモーメント」を表している。

←Point 1
←ピンCの水平反力はゼロになることが明らかであるため、最初から仮定しない。

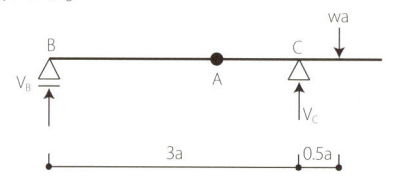

$$\begin{cases} \sum Y = V_B(\uparrow) + V_C(\uparrow) - w \cdot a(\downarrow) \equiv 0 \quad \cdots\cdots\cdots (7) \\ \sum_C M = V_B \cdot 3a + wa \cdot 0.5a \equiv 0 \quad \cdots\cdots\cdots\cdots (8) \end{cases}$$

(7)、(8)式よりV_A、V_Bを求める。

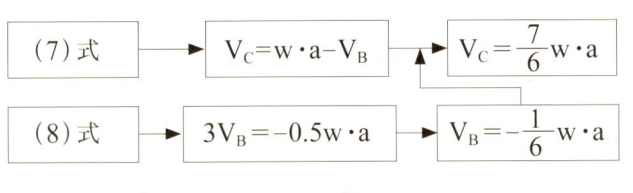

(7)式 → $V_C = w \cdot a - V_B$ → $V_C = \dfrac{7}{6} w \cdot a$

(8)式 → $3V_B = -0.5w \cdot a$ → $V_B = -\dfrac{1}{6} w \cdot a$

$$\therefore V_B = -\frac{1}{6} w \cdot a (\downarrow),\ V_C = \frac{7}{6} w \cdot a (\uparrow) \quad \cdots\cdots (9)$$

←V_Bは(−)であるため仮定方向(↑)と逆方向となる。

⑥M_Aを求める。A点で切断して左の部分を対象にする。

←Point 2, 3

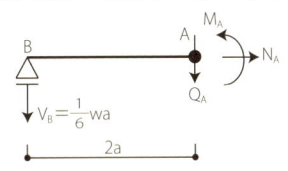

←Point 4
←断面力は④と対(つい)方向を正と仮定しなければならない。

A点を中心としたモーメントの釣合条件よりM_Aを求める。

←Point 5, 6

$$\sum_A M = M_A + V_B \cdot 2a \equiv 0 \quad \cdots\cdots\cdots (10)$$
$$\therefore M_A = -V_B \cdot 2a$$

$V_B = \dfrac{1}{6} w \cdot a$を代入すると、

$$M_A = -\frac{1}{3} w \cdot a^2 \quad \cdots\cdots\cdots\cdots\cdots\cdots (11)$$

←⑥の図で、V_Bの+方向を逆にした(下向きを正)ことに注意。

《Case Ⅰ + Case Ⅱ》
与えられた問題におけるM_Aは、(6)式と(11)式の和から次のように求まる。

$$M_A = \underbrace{\frac{1}{3} P \cdot a}_{(6)式} - \underbrace{\frac{1}{3} w \cdot a^2}_{(11)式} \quad \cdots\cdots\cdots (12)$$

問題より$M_A = 0$であるから、(12)式の右辺を0とおくと、答を得る。

$$P - wa = 0 \qquad \therefore \frac{P}{w \cdot a} = 1 \quad \cdots\cdots\cdots (答)$$

― このときの反力は以下のようになる。

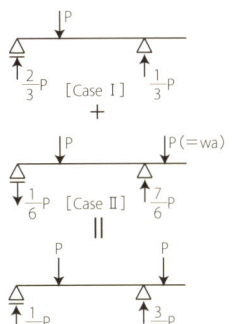

037

基本問題 3 　単純支持ラーメンの断面力

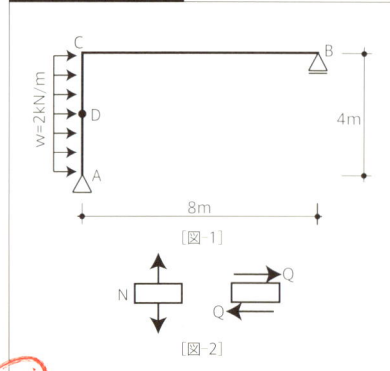

図-1のような等分布荷重を受ける単純支持構造を考える。AC部材におけるC点とD点(A点とC点の中点)における曲げモーメントM_CとM_D、せん断力Q_CとQ_D、軸力N_CとN_Dを求めよ。曲げモーメントはAC部材の右側が引張りの場合を「+」とし、せん断力と軸力は図-2に示した向きを「+」とする。

[図-1]
[図-2]

●基本手順に従って反力を求めた後、C点あるいはD点で切断して、切り取られた架構に対して釣合条件からM_C、Q_C、N_C(あるいはM_D、Q_D、N_D)を求めればよい。

①反力を求める。

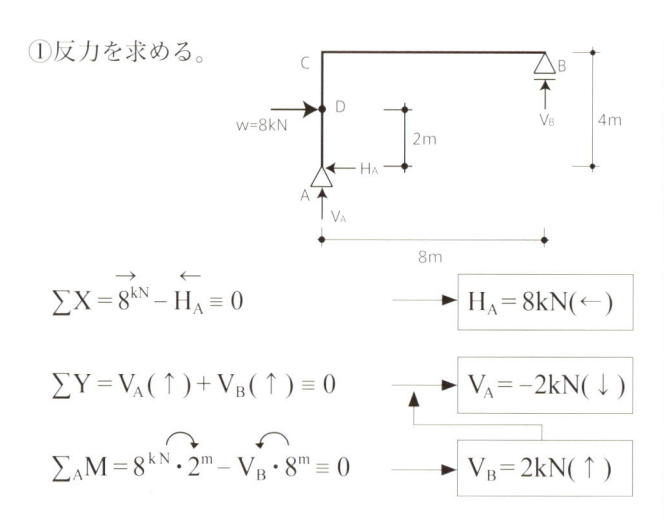

$$\sum X = \overrightarrow{8^{kN}} - \overleftarrow{H_A} \equiv 0 \quad \Rightarrow \quad H_A = 8kN(\leftarrow)$$

$$\sum Y = V_A(\uparrow) + V_B(\uparrow) \equiv 0 \quad \Rightarrow \quad V_A = -2kN(\downarrow)$$

$$\sum{}_A M = 8^{kN}\cdot 2^{m} - V_B \cdot 8^{m} \equiv 0 \quad \Rightarrow \quad V_B = 2kN(\uparrow)$$

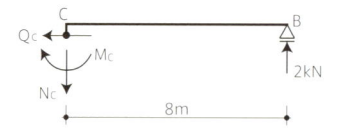

←Point 1 　ピンとローラー支点に反力を仮定する。
←等分布荷重wを集中荷重Pに置換する。
　●Pの大きさ:wの総荷重と同じ。2kN/mの等分布荷重が4mの範囲で加わっているため、2kN/m×4m=8kNとなる。
　●Pの方向:wと同じ方向(ここでは右方向)
　●Pの位置:wの加わっている範囲の中央。ここではD点となる。

←V_Aは上向き(↑)に仮定して、結果が(−)となったため、「下向きに2kN」が答になる。

←Point 2, 3 …切り口はAC部材のC点より少し下になる。

←断面力の方向は問題の正方向(問題における図-2の□の下面に描かれた方向)に仮定する。

[C点の断面力]
②AC材のC点で切断して、右部分(BC材を含む)を対象にして考える。切り口に断面力を仮定する。

③釣合条件から断面力を求める。

$$\sum X = \overleftarrow{Q_C} \equiv 0 \longrightarrow \boxed{Q_C = 0\text{kN}}$$

$$\sum Y = -N_C(\downarrow) + 2^{\text{kN}}(\uparrow) \equiv 0 \longrightarrow \boxed{N_C = 2\text{kN}}$$

$$\sum_C M = \overset{\curvearrowleft}{M_C} - 2^{\text{kN}} \cdot 8^{\text{m}} \equiv 0 \longrightarrow \boxed{M_C = 16\text{kN·m}}$$

←Point 5、6 ②の自由物体図を対象とした釣合条件からN_C、Q_C、M_Cを求める。

←N_Cが(+)ということは、引張ということ。

←$\sum_C M$の添字Cは、モーメントの釣合いをC点を中心として考える、ということを表す。

[D点の断面力]

②AC材のD点で切断して、下部(AD材)を対象として考える。このとき、等分布荷重は、対象領域の2mの範囲に対して、集中荷重に置き換える。切り口には断面力を仮定する。

←仮定する断面力の方向は、問題における図-2の□の上面に描かれた方向とする。

←A点の鉛直反力の向きに注意。

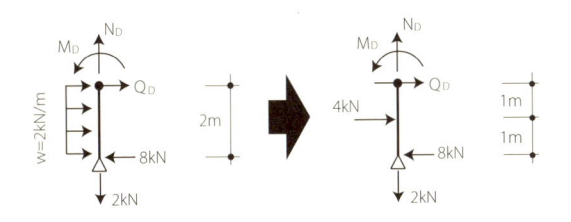

②釣合条件から断面力を求める。

$$\sum X = \overrightarrow{Q_D} - \overleftarrow{8^{\text{kN}}} + \overrightarrow{4^{\text{kN}}} \equiv 0 \longrightarrow \boxed{Q_D = 4\text{kN}}$$

$$\sum Y = N_D(\uparrow) - 2^{\text{kN}}(\downarrow) \equiv 0 \longrightarrow \boxed{N_D = 2\text{kN}}$$

$$\sum_D M = \overset{\curvearrowleft}{M_D} + 4^{\text{kN}} \cdot 1^{\text{m}} - 8^{\text{kN}} \cdot 2^{\text{m}} \equiv 0$$

$$M_D - 12^{\text{kN·m}} = 0 \longrightarrow \boxed{M_D = 12\text{kN·m}}$$

←Point 5、6

←N_Dが(+)ということは、引張り。

②[答]

C点：$\begin{cases} N_C = 2\text{kN} \\ Q_C = 0\text{kN} \\ M_C = 16\text{kN·m} \end{cases}$

D点：$\begin{cases} N_D = 2\text{kN} \\ Q_D = 4\text{kN} \\ M_D = 12\text{kN·m} \end{cases}$

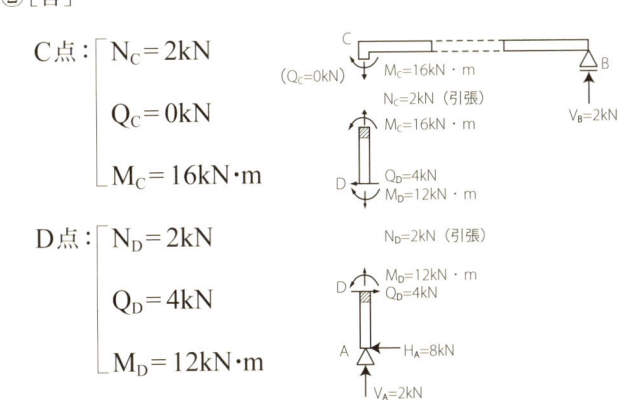

←CB部材のC点の断面力も求め、C点における断面力の釣合いを確認してみよう。

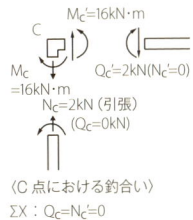

⟨C点における釣合い⟩

$\sum X : Q_C = N_C'=0$

$\sum Y : N_C + Q_C' = 0$

$2\text{kN}(\downarrow) - 2\text{kN}(\uparrow) = 0$

$\sum_C M : M_C + M_C' = 0$

$16\text{kN·m} - 16\text{kN·m} = 0$

039

基本問題 4　3ピン構造の反力を求める

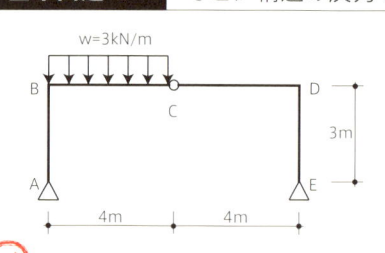

図のような荷重を受ける3ピン構造の2つの支点A、Eの反力を求めよ。

- 2つのピン支点（上図ではA、E点）と1つの中間ピン（上図ではC点）を含むラーメン構造は「3ピン構造」と呼ばれている。
- 3ピン構造の反力は、ピン支点が2つあるため、反力の数に着目すると、合計4個の未知数（反力）が存在することになる。このため、1章で述べた方法、すなわち3つの釣合条件（水平方向、垂直方向、いずれかの点を中心にしたモーメントの釣合条件）だけでは反力を求められない。
- このため、反力を求めるには「中間ピンでは曲げモーメントMが0になる」条件を追加する必要がある。

① 等分布荷重を集中荷重に変換すると共に、ピン支点に反力を仮定する。

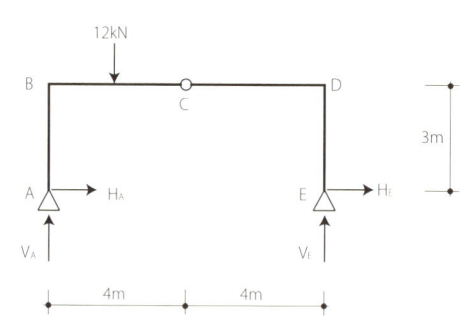

←w=3kN/mの等分布荷重が4mの範囲で加わっていることから、集中荷重の大きさは3kN/m×4m=12kNとなる。集中荷重の位置は、等分布荷重の範囲の中点、すなわちB点から2mとなる。

←Point **1**　A、Eのピン支点それぞれに鉛直反力（V）と水平反力（H）を仮定する。

② 3ピン構造全体を対象にして、釣合条件を求める。

←通常の反力を求める手順と同じ。

$$\sum X = \vec{H}_A + \vec{H}_E \equiv 0 \quad \cdots\cdots\cdots\cdots\cdots\cdots (1)$$

←$\sum X = H_A + H_E$と$\sum X = 0$を1つの式で表した。

$$\sum Y = V_A(\uparrow) + V_E(\uparrow) - 12^{kN}(\downarrow) \equiv 0 \quad \cdots\cdots (2)$$

$$\sum_E M = V_A \cdot 8^m - 12^{kN} \cdot 6^m \equiv 0 \quad \cdots\cdots\cdots\cdots (3)$$

←$\sum_E M$：E点を中心にしたモーメントの釣合い

③「C点で曲げモーメントが0になる条件」から釣合条件を求める。

（ⅰ）C点で切断して右半分の架構を対象として考える。

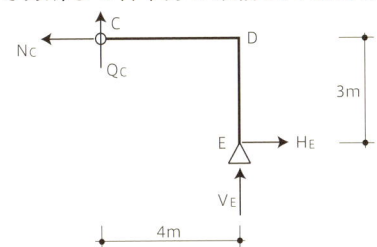

←P.34の[基本問題1]と同様の方法で、$M_C=0$となる条件を求める。

←Point 2 左半分を対象にして考えてもよい。

←Point 3、4 $M_C=0$であるから、切り口にN_CとQ_Cのみを設定した。

（ⅱ）C点を中心としたモーメントの釣合条件

$$\sum_C M = \overset{\curvearrowright}{V_E} \cdot 4^m + \overset{\curvearrowright}{H_E} \cdot 3^m \equiv 0 \quad \cdots\cdots\cdots\cdots\cdots (4)$$

←Point 5、6

④（1）〜（4）式より反力を求める。

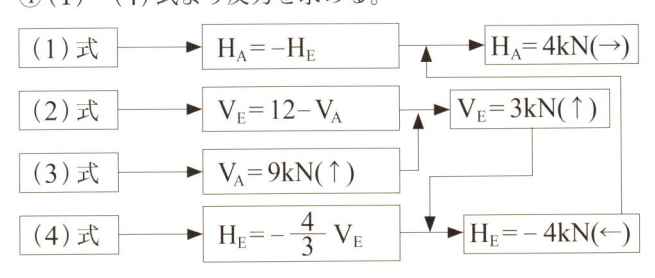

（1）式 → $H_A = -H_E$ → $H_A = 4kN(\rightarrow)$

（2）式 → $V_E = 12 - V_A$ → $V_E = 3kN(\uparrow)$

（3）式 → $V_A = 9kN(\uparrow)$

（4）式 → $H_E = -\dfrac{4}{3} V_E$ → $H_E = -4kN(\leftarrow)$

∴ $V_A = 9kN(\uparrow)$、$V_E = 3kN(\uparrow)$
$H_A = 4kN(\rightarrow)$、$H_E = -4kN(\leftarrow)$ ……（答）

---

information Ⅰ

【図解法で反力を求める手順（3ピン構造）】

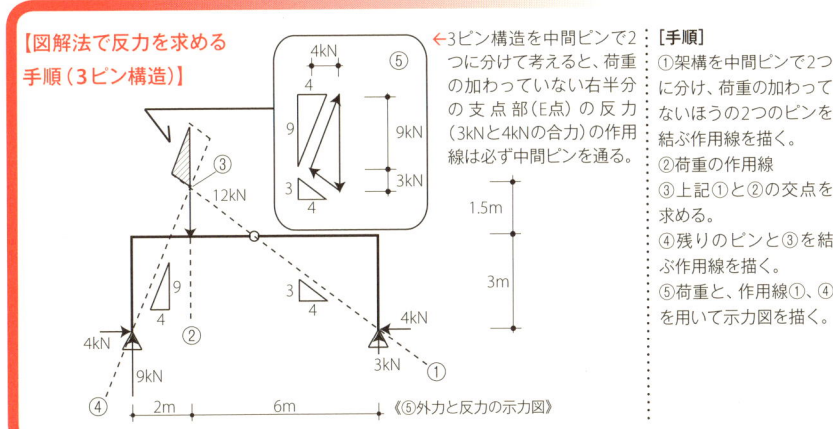

←3ピン構造を中間ピンで2つに分けて考えると、荷重の加わっていない右半分の支点部（E点）の反力（3kNと4kNの合力）の作用線は必ず中間ピンを通る。

[手順]
① 架構を中間ピンで2つに分け、荷重の加わってないほうの2つのピンを結ぶ作用線を描く。
② 荷重の作用線
③ 上記①と②の交点を求める。
④ 残りのピンと③を結ぶ作用線を描く。
⑤ 荷重と、作用線①、④を用いて示力図を描く。

《⑤外力と反力の示力図》

基本問題5　3ピン構造の断面力

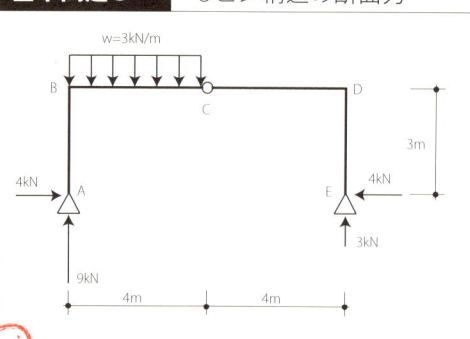

「基本問題4」と同じ3ピン構造を取り扱う（反力はすでに求めたものを図に示している）。このとき、BC間でQ=0となる点のB点からの距離を求めるとともに、その点の曲げモーメントの値を求めよ。

Navi ●B点からxmの位置におけるせん断力Q_xをxを用いて表わし、$Q_x=0$の条件からxを求めればよい。

①B点からの距離xmの位置で切断して、左側部分を対象にして考える。切り口には断面力を仮定する。なお等分布荷重($0 \sim x$mの範囲)は集中荷重に変換しておく。

←Point 2
←Point 3

←0mからxmの間にw=3kN/mが加わっているから、集中荷重の大きさは$w \cdot x (=3x\text{kN})$となる。

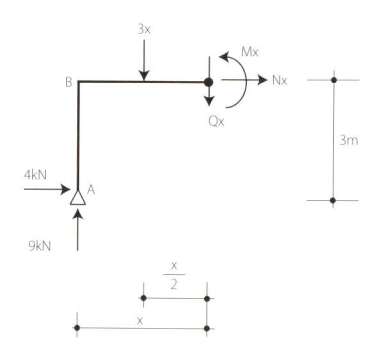

②鉛直方向の釣合式よりQ_xを求める。

$$\sum Y = 9(\uparrow) - 3x(\downarrow) - Q_x(\downarrow) \equiv 0 \cdots\cdots (1)$$

←Point 6　Q_xを求めればよいので$\Sigma Y=0$(鉛直方向の釣合条件)のみを考える。

問題より$Q_x=0$であるから

$9 - 3x = 0$
∴　$x = 3$m ……………………(答)

③x=3mの曲げモーメントを求める。切断位置(x点)を中心としたモーメントの釣合条件は次式となる。　←Point 6

$$\sum_x M = 9 \cdot x - 4 \cdot 3 - 3x \cdot \frac{x}{2} - M_x \equiv 0 \cdots\cdots\cdots (2)$$

(2)式よりM_xを求め、x＝3mを代入する。

$$M_x = 9x - 12 - \frac{3}{2}x^2 \Big|_{x=3}$$

$$= 27 - 12 - \frac{27}{2}$$

$$= 1.5 \text{kN·m} \cdots\cdots\cdots\cdots\cdots (答)$$

information II

[曲げモーメントの変化量]

曲げモーメントの傾き、すなわち曲げモーメントの単位長さあたりの変化量はせん断力と等しい。式で表すと次式のようになる。

$$Q = \frac{dM}{dx} \qquad または \qquad Q = \frac{\Delta M}{\Delta x}$$

[基本問題5]においてQ=0となる点を求めているが、この点は上式よりMの傾きが0、すなわちMの最大値(極値)を示す点である。このことからM＝1.5kN・mは部材BC間における最大値とみなすことができる。

← 第1式は微分形式による表現。第2式は直線状に変化する場合、第1式と同じ意味を表す。

Challenges

2-1 次の3ピン構造の反力を求め、外力と反力の示力図を描け。

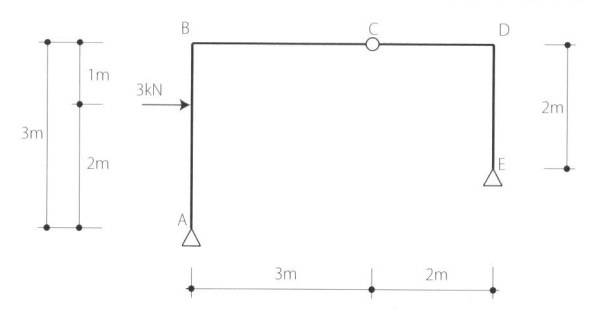

2-2 次の片持支持構造において、A点〜E点の中から曲げモーメント$M=0$の点、およびMが最大値を示す点を示せ。

(1)　　　　　　　　　　　　　(2)

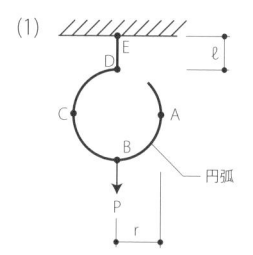

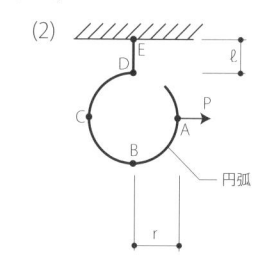

2-3 次の単純支持構造のD点の断面力N_D、Q_D、M_Dを求めよ。

(1)　　　　　　　　　　　　　(2)

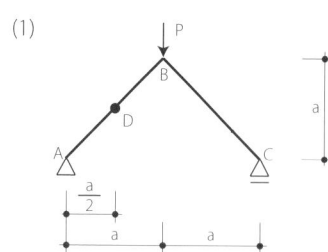

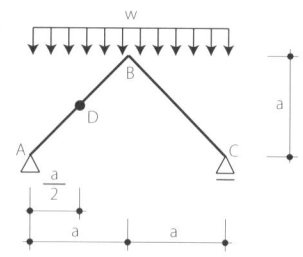

2-4 次の単純支持構造のC点の断面力M_C、Q_Cを求めよ。

(1)　　　　　(2)　　　　　(3)

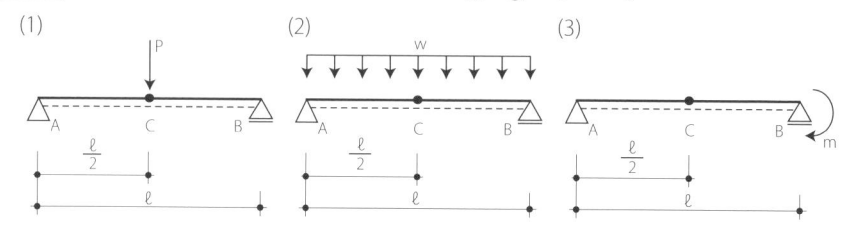

Challenges 解答

2−1

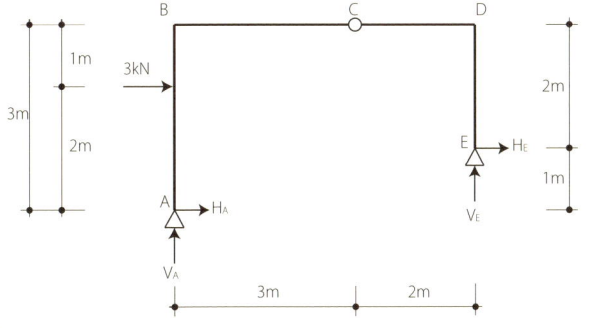

①反力を求める。

$\Sigma X = \vec{H_A} + \vec{H_E} + \vec{3kN} \equiv 0 \longrightarrow \boxed{H_A = -H_E - 3kN} \longrightarrow \boxed{H_A = -2\ kN(\leftarrow)}$

$\Sigma Y = V_A(\uparrow) + V_E(\uparrow) \equiv 0 \longrightarrow \boxed{V_A = -V_E} \longrightarrow \boxed{V_A = -1\ kN(\downarrow)}$

$\Sigma_A M = V_E \cdot 5^m - H_E \cdot 1^m - 3kN \cdot 2^m \equiv 0 \longrightarrow \boxed{V_E = 1\ kN(\uparrow)}$

$\Sigma_{右C} M = V_E \cdot 2^m + H_E \cdot 2^m \equiv 0 \longrightarrow \boxed{H_E = -V_E} \longrightarrow \boxed{H_E = -1\ kN(\leftarrow)}$

←Point 1

← $\Sigma_{右C} M = 0$ は、C点で切断して、右部分の架構（CDE）におけるモーメントの釣合い条件。

②外力と反力の示力図を描く。

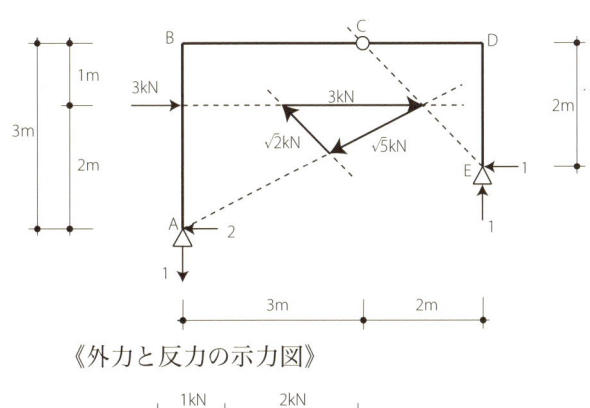

《外力と反力の示力図》

←P.115【付録】参照。
・A点の合力

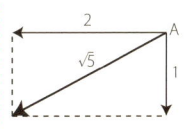

・E点の合力

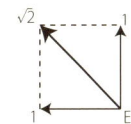

2-2 【(1)の解答】

①外力の作用線上のモーメントはゼロ。

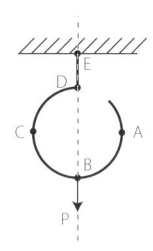

⇒　∴ $M_B=0$、$M_D=0$、$M_E=0$

②A点で切断する。

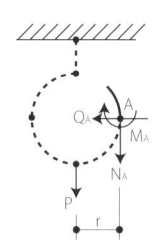

M_Aと釣り合う曲げモーメントはない　⇒　∴ $M_A=0$

③C点で切断する。

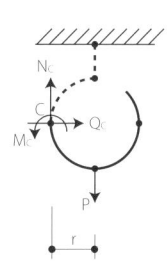

$\Sigma_C M = \overset{\frown}{M_C} - \overset{\frown}{P \cdot r} \equiv 0$ 　　　　∴ $M_C = +Pr$ [最大値]

【(2)の解答】

①外力の作用線上のモーメントはゼロ。

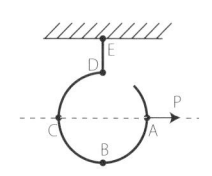

⇒　∴ $M_A=0$、$M_C=0$

②B点で切断する。

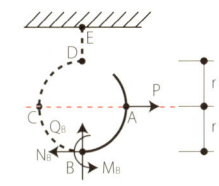

$$\Sigma_B M = \overset{\frown}{M_B} - \overset{\frown}{P \cdot r} \equiv 0 \qquad \therefore M_B = +\overset{\frown}{Pr}(=M_D)$$

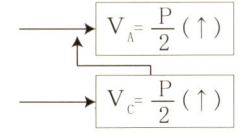

← B点とD点は外力からの距離が等しいため、D点で切断しても同じ($M_B = M_D$)。

③E点で切断する。

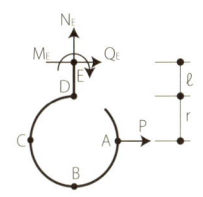

$$\Sigma_E M = \overset{\frown}{M_E} - \overset{\frown}{P(r+\ell)} \equiv 0 \qquad \therefore M_E = +\overset{\frown}{P(r+\ell)} \ [最大値]$$

2-3 【(1)の解答】

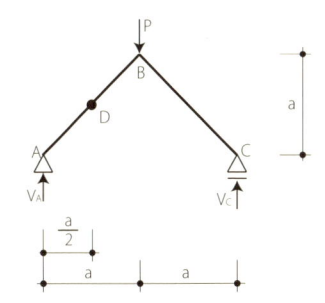

①反力を求める。

$$\Sigma Y = V_A(\uparrow) + V_C(\uparrow) - P(\downarrow) \equiv 0 \longrightarrow \boxed{V_A = \frac{P}{2}(\uparrow)}$$

$$\Sigma_A M = \overset{\frown}{V_C \cdot 2a} - \overset{\frown}{P \cdot a} \equiv 0 \longrightarrow \boxed{V_C = \frac{P}{2}(\uparrow)}$$

← Point 1

047

②D点の断面力を求める。AB材のD点で切断して、下部分を対象にして考える。

←部材軸方向にX軸を、部材軸と直交方向にY軸を設定する。

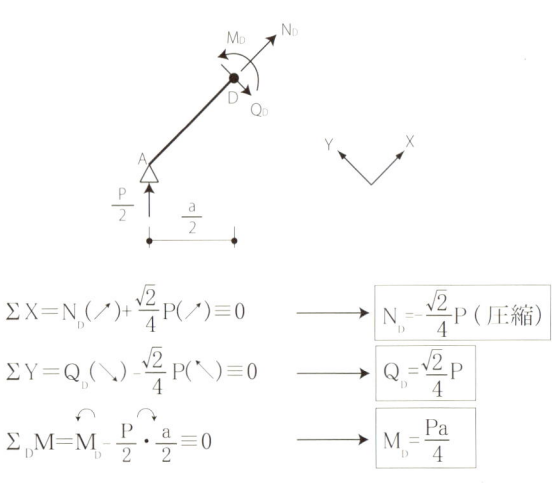

$\Sigma X = N_D(\nearrow) + \dfrac{\sqrt{2}}{4}P(\nearrow) \equiv 0 \longrightarrow \boxed{N_D = -\dfrac{\sqrt{2}}{4}P\text{（圧縮）}}$

$\Sigma Y = Q_D(\searrow) - \dfrac{\sqrt{2}}{4}P(\searrow) \equiv 0 \longrightarrow \boxed{Q_D = \dfrac{\sqrt{2}}{4}P}$

$\Sigma_D M = M_D - \dfrac{P}{2} \cdot \dfrac{a}{2} \equiv 0 \longrightarrow \boxed{M_D = \dfrac{Pa}{4}}$

←力の分解により、反力P/2をX、Y方向に分解する。

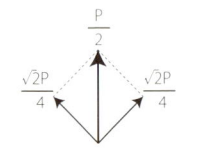

【(2)の解答】

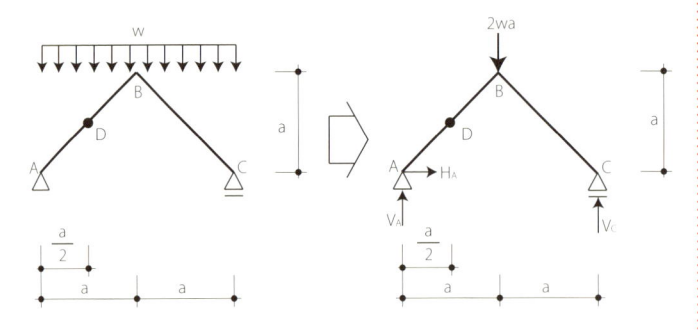

①反力を求める。

$\Sigma X = H_A(\rightarrow) \equiv 0 \longrightarrow \boxed{H_A = 0}$

$\Sigma Y = V_A(\uparrow) + V_C(\uparrow) - 2wa(\downarrow) \equiv 0 \longrightarrow \boxed{V_A = wa(\uparrow)}$

$\Sigma_A M = V_C \cdot 2a - 2wa \cdot a \equiv 0 \longrightarrow \boxed{V_C = wa(\uparrow)}$

②D点の断面力を求める。AB材のD点で切断して、下部分を対象にして考える。

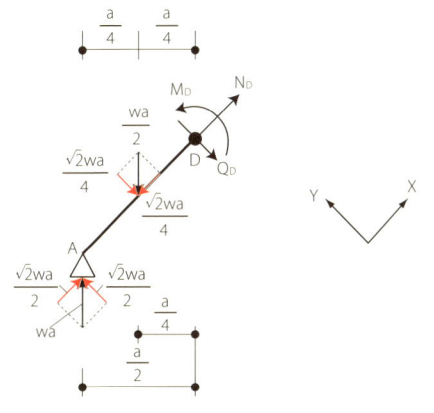

← 反力（wa）と外力（wa/2）を、X, Y方向に分解してよい。

$$\Sigma X = N_D(\nearrow) - \frac{\sqrt{2}wa}{4}(\swarrow) + \frac{\sqrt{2}wa}{2}(\nearrow) \equiv 0 \longrightarrow \boxed{N_D = -\frac{\sqrt{2}wa}{4}（圧縮）}$$

$$\Sigma Y = Q_D(\searrow) + \frac{\sqrt{2}wa}{4}(\nwarrow) - \frac{\sqrt{2}wa}{2}(\nwarrow) \equiv 0 \longrightarrow \boxed{Q_D = \frac{\sqrt{2}wa}{4}}$$

$$\Sigma_D M = M_D + \frac{wa}{2} \cdot \frac{a}{4} - wa \cdot \frac{a}{2} \equiv 0 \longrightarrow \boxed{M_D = \frac{3wa^2}{8}}$$

2-4 【(1)の解答】

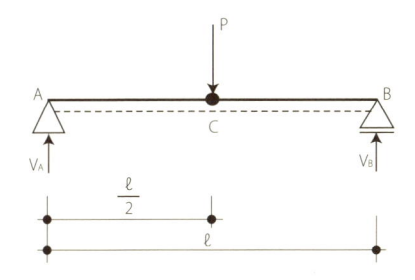

①反力を求める。

$$\Sigma Y = V_A(\uparrow) + V_B(\uparrow) - P(\downarrow) \equiv 0 \longrightarrow \boxed{V_A = \frac{P}{2}(\uparrow)}$$

$$\Sigma_A M = V_B \cdot \ell - P \cdot \frac{\ell}{2} \equiv 0 \longrightarrow \boxed{V_B = \frac{P}{2}(\uparrow)}$$

←Point 1
←H_Aは明らかに0。

②C点の断面力を求める。AB材のC点で切断して左部分を対象にして考える。

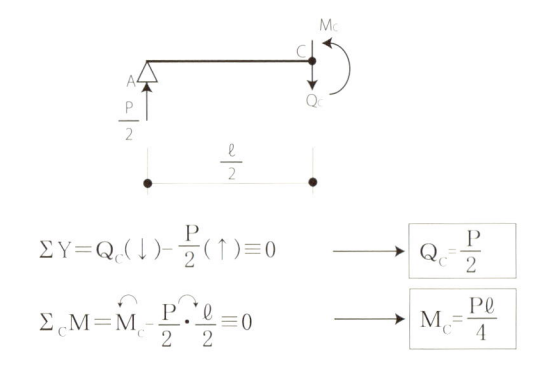

← N_C は明らかに $N_C=0$ のため省略する。

$$\Sigma Y = Q_C(\downarrow) - \frac{P}{2}(\uparrow) \equiv 0 \longrightarrow \boxed{Q_C = \frac{P}{2}}$$

$$\Sigma_C M = M_C - \frac{P}{2} \cdot \frac{\ell}{2} \equiv 0 \longrightarrow \boxed{M_C = \frac{P\ell}{4}}$$

【(2)の解答】

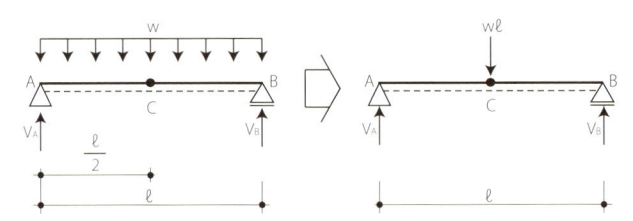

①反力を求める。

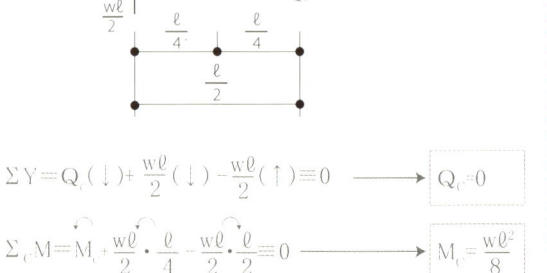

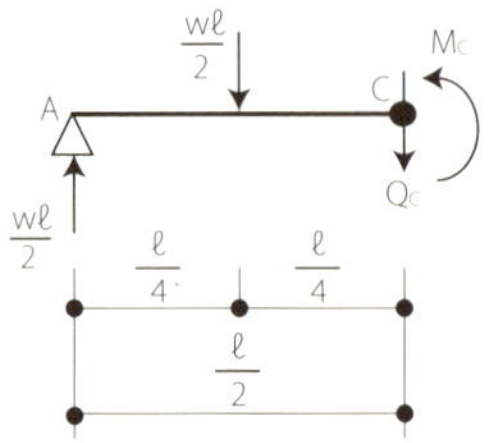

← $H_A=0$ のため省略する。

$$\Sigma Y = V_A(\uparrow) + V_B(\uparrow) - w\ell(\downarrow) \equiv 0 \longrightarrow \boxed{V_A = \frac{w\ell}{2}(\uparrow)}$$

$$\Sigma_A M = V_B \cdot \ell - w\ell \cdot \frac{\ell}{2} \equiv 0 \longrightarrow \boxed{V_B = \frac{w\ell}{2}(\uparrow)}$$

②C点の断面力を求める。AB材のC点で切断して左部分を対象にして考える。

← $N_C=0$ のため省略する。

$$\Sigma Y = Q_C(\downarrow) + \frac{w\ell}{2}(\downarrow) - \frac{w\ell}{2}(\uparrow) \equiv 0 \longrightarrow \boxed{Q_C = 0}$$

$$\Sigma_C M = M_C + \frac{w\ell}{2} \cdot \frac{\ell}{4} - \frac{w\ell}{2} \cdot \frac{\ell}{2} \equiv 0 \longrightarrow \boxed{M_C = \frac{w\ell^2}{8}}$$

【(3)の解答】

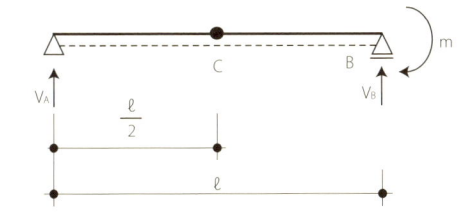

① 反力を求める。

$$\Sigma Y = V_A(\uparrow) + V_B(\uparrow) \equiv 0 \longrightarrow \boxed{V_A = -\frac{m}{\ell}(\downarrow)}$$

←$H_A=0$のため省略する。

$$\Sigma_A M = -V_B \cdot \ell + m \equiv 0 \longrightarrow \boxed{V_B = \frac{m}{\ell}(\uparrow)}$$

② C点の断面力を求める。AB材のC点で切断して左部分を対象にして考える。

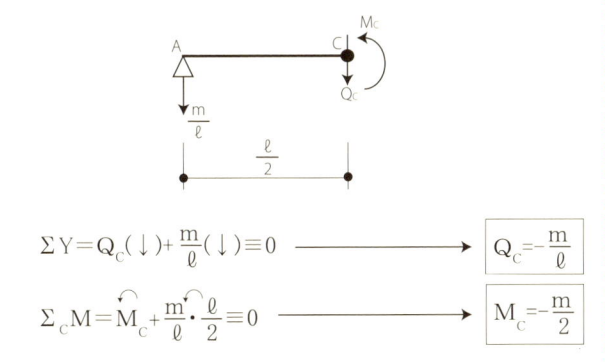

←$N_C=0$のため省略する。

$$\Sigma Y = Q_C(\downarrow) + \frac{m}{\ell}(\downarrow) \equiv 0 \longrightarrow \boxed{Q_C = -\frac{m}{\ell}}$$

$$\Sigma_C M = M_C + \frac{m}{\ell} \cdot \frac{\ell}{2} \equiv 0 \longrightarrow \boxed{M_C = -\frac{m}{2}}$$

3章

片持梁の断面力図を描く

3章 片持梁の断面力図を描く

Level Up!

「断面力図」とは……
2章ではある点の断面力を求める方法を学習した。本章で扱う「断面力図」は「架構の多くの点で得られた断面力の値を連ねて図示した」ものであり、「断面力分布図」とも呼ばれる。

「M図」、「Q図」、「N図」とは……
断面力図のうち、曲げモーメントの分布図は「曲げモーメント図」あるいは「M図」と称する。
同様に、せん断力、軸力に関しては、「せん断力図：Q図」、「軸力図：N図」とそれぞれ称される。

本章では……
集中荷重・等分布荷重・モーメント荷重を受ける片持梁の曲げモーメント図(M図)、せん断力図(Q図)を描くことで、次のことを学習する。
- 断面力分布図の描き方
- M図とQ図の関係の理解
- M図からQ図を直接描く方法

基礎知識

基本的には2章と同様。異なる点は、架構の端から距離xの点で架構を切断することである。
- **断面力を求めたい点で架構を仮想的に切断すると、切り口に断面力が現れる。**
- **断面力と外力と反力は釣り合う。**
- **釣合条件：「移動しないこと」かつ「回転しないこと」**
- **架構の端から距離xの点で架構を切断すること。**

method

① 反力を求める。……………………………………………………… Point 1
② 端部から距離xの点で、架構を仮想的に切断する。……………… Point 2
③ 切り口に断面力(N_X、Q_X、M_X)を仮定する。………………… Point 3 4
④ 検討する部分で釣合条件式を立て、……………………………… Point 5 6
　これを解くことによりN_X、Q_X、M_Xを求める。
⑤ x(②で設定)とN_X、Q_X、M_Xの関係を架構に沿って描く。…… Point 7 8

Point 1 反力

片持支持梁：先端から考える場合、反力を求める必要はない。

←2章のPoint 1 と同じ

Point 2 架構の切断 (P.29のpoint 2 自由物体図参照)

●2つに分けた架構の内、x=0の点を含むほうを選ぶと簡単になる場合が多い。

●架構の端、部材の折れ曲がり点、中間部の集中荷重・モーメント荷重の加わっている点などで挟まれた領域ごとに③〜⑤の検討を行う必要がある。

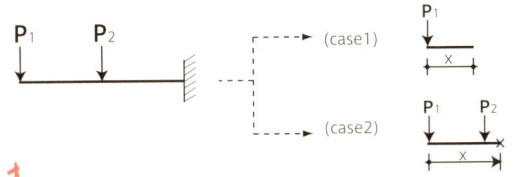

←集中荷重やモーメント荷重が加わると、断面力図の傾きが変化したり、段差が生じたりするため。

Point 3 断面力の仮定

M_xは、xの関数という意味で、M(x)と同じ意味。Q_x、N_xも同じ。N_x、Q_x、M_xはxを含んだ式で表される。

←2章のPoint 3 を参照

Point 4 断面力の正負

←2章のPoint 4 と同じ

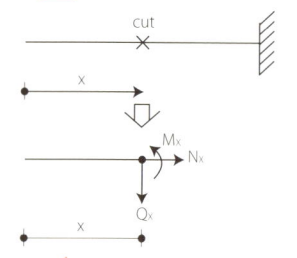

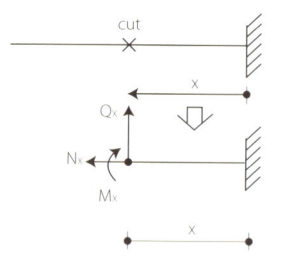

Point 5 釣合条件（自由物体）

●釣合条件は「$\Sigma X=0$、$\Sigma Y=0$、$\Sigma M=0$」の連立方程式で表される。

←2章のPoint 5 を参照

Point 6 断面力を求めるコツ

●次のように釣合条件を立てると、断面力が容易に求まる。
$\Sigma X=0$：切断部材の軸に沿った方向の釣合式
$\Sigma Y=0$：切断部材の軸に垂直な方向の釣合式
$\Sigma M=0$：切断位置を中心としたモーメントの釣合式

←2章のPoint 6 と同じ

Point 7 断面力図

●断面力図において、断面力の大きさは部材から鉛直方向に立てた線分の長さで表す。
●断面力図にハッチ（縞模様）を付けることが多いが、これは上記「断面力の大きさを表す線分」を意味しているため、部材と垂直に描かなければならない。

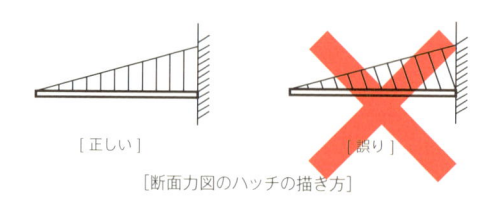

←部材の位置では断面力はゼロ。

[正しい]　[誤り]
[断面力図のハッチの描き方]

●断面力図を書く場合、一般に架構に沿って点線を付け、断面力の（＋）を描く側が指定されている。この点線が示されていない場合、通常梁では下側を（＋）に設定する。

←この点線は「基準線」と呼ばれる。
←「M図は引張側に描く」という約束があれば、基準線は不要となる（P.65の「Memo」参照）。

Point 8 M図から直接Q図を描くことも可能

●Q図は釣合式を求めなくても、M図から直接描くことができる。

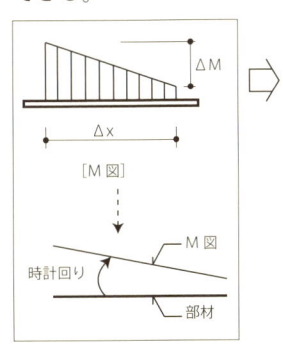

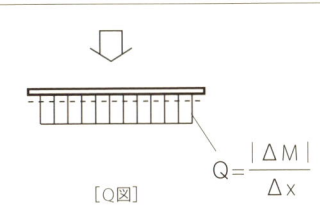

← P.65の[Memo]参照。

■ 部材~M図が時計回り→Qは(+)

■ $Q = \dfrac{|\Delta M|}{\Delta x}$ ……… Qの値

← 部材に沿って長さΔxの間に、MがΔMだけ直線変化。

← $|\Delta M|$はΔMの絶対値。

$Q = \dfrac{|\Delta M|}{\Delta x}$

[Q図]

基本問題1　基本中の基本

片持支持梁に(a)~(c)の3種の荷重が加わっている場合、Q図とM図を描け（軸力は明らかにゼロ）。

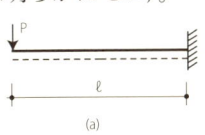

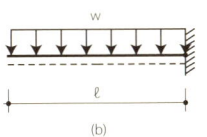

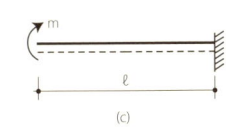

Navi
● 基本手順通りに解くことで、解法を理解しよう。
● 荷重の違いで、M_xとQ_xがどのように変化するか、注目しよう。

【(a)の解答】

① 先端からxの位置で切断し、切り口に断面力を仮定。

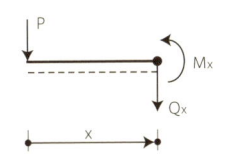

← Point 1
先端から考えているため（先端をx=0）、反力を求めない。
← Point 2 ~ 4

② 釣合条件からQ_x、M_xを求める。

$$\begin{cases} \sum Y = P(\downarrow) + Q_x(\downarrow) \equiv 0 & \therefore \boxed{Q_x = -P} \\ \sum_x M = Px + M_x \equiv 0 & \therefore \boxed{M_x = -Px} \end{cases}$$

← Point 5 ~ 6

← $\sum_x M$は「切り口（距離x）を中心としたモーメントの釣合い」の意味。

057

③断面力図を描く　　　　　　　　　　　　　　　　　　　　←Point 7

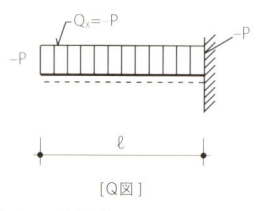

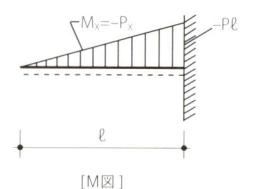

←ハッチは部材と垂直に描く。

[Q図]　　　　　　　　　[M図]

【(b)の解答】………(a)と同様

①先端からxの位置で切断。　　　　　　　　　　　　　　←Point 1～4

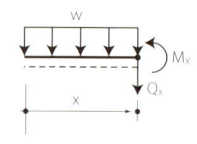

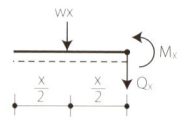

←長さxの範囲で加わっている等分布荷重を、総荷重が同等の集中荷重（wx）で置換。

②釣合条件→Q_x、M_x　　　　　　　　　　　　　　　←Point 5、6

$$\sum Y = wx(\downarrow) + Q_x(\downarrow) \equiv 0 \quad \therefore \boxed{Q_x = -wx}$$

$$\sum_x M = wx\frac{x}{2} + M_x \equiv 0 \quad \therefore \boxed{M_x = -\frac{w}{2}x^2}$$

③断面力図　　　　　　　　　　　　　　　　　　　　　　←Point 7

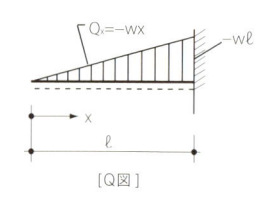

[Q図] 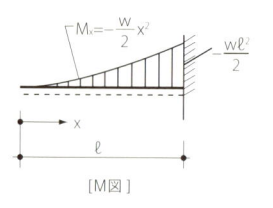　　　　　　　　　[M図]

【(c)の解答】………(a)と同様

①先端からxの位置で切断し、切り口に断面力を仮定。　　←Point 1～4

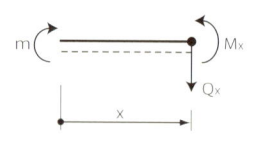

②釣合条件→Q_x、M_x　　　　　　　　　　　　　　　←Point 5、6

$$\sum Y = Q_x(\downarrow) \equiv 0 \quad \therefore \boxed{Q_x = 0}$$

$$\sum_x M = m - M_x \equiv 0 \quad \therefore \boxed{M_x = m}$$

③断面力図

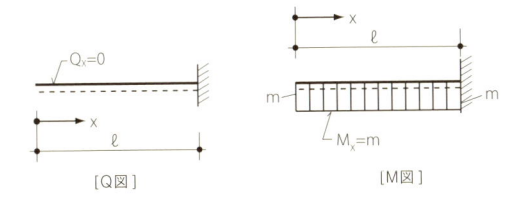

[Q図]

[M図]

←Point 7

MとQの関係

片持梁で得られたM_XとQ_Xを荷重ごとに一覧で示す。

荷重形式	M_X	Q_X
P	$-Px$	$-P$
w	$-\dfrac{1}{2}wx^2$	$-wx$
m	m	0

←荷重形式
　P：集中荷重
　w：等分布荷重
　m：モーメント荷重

この表から2つの重要な性質が得られる。

①M図の形について：
……集中荷重（P）：直線で変化
……等分布荷重（w）：2次曲線（放物線）
……モーメント荷重（m）：一定値

②Q図の形について：

$$Q_X = \dfrac{dM_X}{dx}$$

上の問題だと、次のようになっている。

$$P: \dfrac{dM_X}{dx} = \dfrac{d}{dx}(-Px) = -P$$
$$w: \dfrac{dM_X}{dx} = \dfrac{d}{dx}\left(-\dfrac{1}{2}wx^2\right) = -wx$$
$$m: \dfrac{dM_X}{dx} = \dfrac{d}{dx}(m) = 0$$

Q_Xと等しい

←微分の基本公式：
$\dfrac{d}{dx}(ax^n) = anx^{n-1}$

ただしaは定数。

この式は「Q図はM図を微分すると得られる」ということ、つまり、「QはMの傾き」ということである。

supplement I

(曲げモーメントの単位長さあたりの変化量)＝(せん断力)

曲げモーメントが1次式で表されている時

$$Q_x = \frac{dM_x}{dx} \quad \rightarrow \quad Q = \frac{\Delta M}{\Delta x}$$

← この時、Qは一定値となる。ΔMは部材に沿った長さΔxに対するMの変化量を表す。

となる。例えば上の例題(b)の場合、片持支持梁の長さ ℓ の間にMは0から$-P\ell$まで変化しているから、

← $\Delta x = \ell$、$\Delta M = -P\ell$

$$Q_x = \frac{\Delta M}{\Delta x} = \frac{-P\ell}{\ell} = -P$$

と求まる。この性質を用いると、M図から直接Q図を描けることになる。

$Q_x = \dfrac{\Delta M}{\Delta x}$ の関係は、架構の一部を取り出した下図を用いて求めることができる。

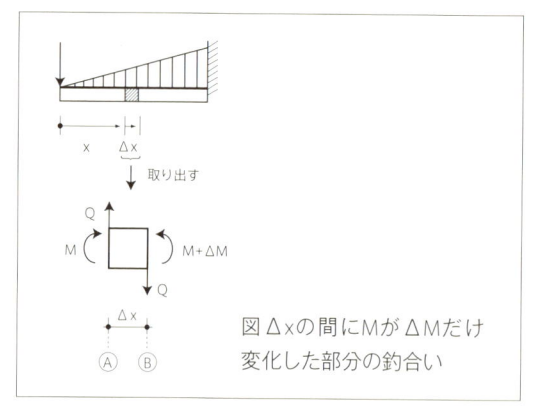

図 Δxの間にMが ΔMだけ変化した部分の釣合い

Ⓐ Ⓑ

← この長さΔxの部分においても、釣合条件を満足する必要がある。このため、鉛直方向の釣合より、ABの両断面のQは等しくなる。この部分に荷重が加わっている場合は、断面BのQはQ+ΔQにする必要があるが、結果は同じ。

右側の断面Ⓑを中心にしたモーメントの釣合式より以下のように求まる。

$$\textstyle\sum_B M = M - (M + \Delta M) + Q\Delta x \equiv 0$$

∴ $\Delta M = Q \Delta x$

∴ $\boxed{Q = \dfrac{\Delta M}{\Delta x}}$

← Δx→0にしたとき、

$$\lim_{\Delta x \to 0} \frac{\Delta M}{\Delta x} = \frac{dM}{dx}$$

となる(微分の定義)。

基本問題 2　　M図とQ図の関係

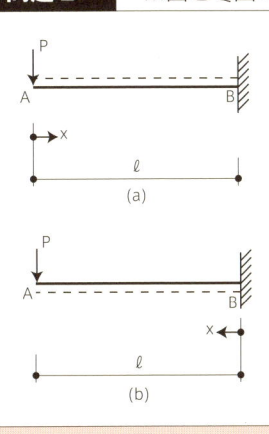

【基本問題1（a）】と同じ問題に対して、(a) 基準線を梁の上側にした場合と(b) x軸を左方向に設定した場合の2ケースについて、Q_x、M_xを求め、断面力図を描き、【基本問題1（a）】も含めて、結果について比較せよ（軸力は明らかにゼロ）。

- 断面力図は手順に従って求めよう。
- 基準線の位置、x軸の方向により、断面力図がどのように変化するか、またQ_x、M_xの正負は変化するか、確認してみよう。
- この問題でも、$Q_x = \dfrac{dM_x}{dx}$ あるいは、$Q = \dfrac{\Delta M}{\Delta x}$ が成立するか、確認してみよう。

【(a)の解答】

①切断と断面力仮定

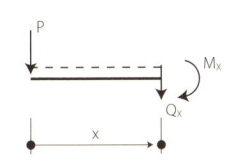

←Point 2～4
←基準線の位置により、M_xの方向が逆になっていることに注意。これに対して、Q_xは基準線が変わっても同じである。

②釣合条件

$$\sum Y = P(\downarrow) + Q_x(\downarrow) \equiv 0 \quad Q_x = -P$$
$$\sum_x M = Px - M_x \equiv 0 \quad M_x = Px \quad \cdots\cdots(1)$$

←Point 5～6
←$Q = \dfrac{dM_x}{dx}$が不成立。
（$Q_x = -\dfrac{dM_x}{dx}$となっている）。

③断面力図

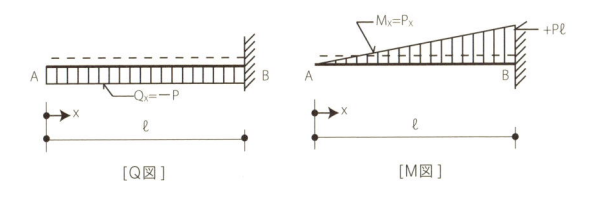

[Q図]　$Q_x = -P$

[M図]　$M_x = Px$、$+P\ell$

	A	…	B
x	0		ℓ
Δx		ℓ	
M	0		$P\ell$
ΔM		$P\ell$	

$$\frac{\Delta M}{\Delta x} = \frac{P\ell}{\ell} = P \longleftrightarrow Q = -P$$

$Q = \dfrac{\Delta M}{\Delta x}$ が不成立

$\left(Q = -\dfrac{\Delta M}{\Delta x} \text{となっている} \right)$

【(b)の解答】

①反力

←Point **1**
←水平反力は明らかにゼロ。

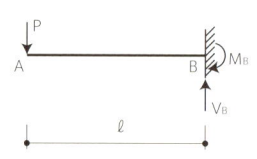

$$\sum Y = P(\downarrow) + V_B(\uparrow) \equiv 0 \quad V_B = P$$
$$\sum_B M = \overset{\curvearrowright}{P\ell} - \overset{\curvearrowright}{M_B} \equiv 0 \quad M_B = P\ell \Bigg\} \cdots\cdots\cdots (2)$$

②切断と断面力仮定

←Point **2**〜**4**

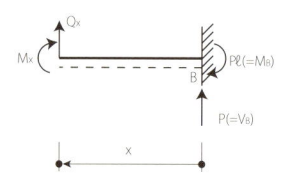

③釣合条件

$$\sum Y = Q_X(\uparrow) + P(\uparrow) \equiv 0 \quad \therefore Q_X = -P$$
$$\sum_X M = \overset{\curvearrowright}{M_X} - \overset{\curvearrowright}{Px} + \overset{\curvearrowright}{P\ell} \equiv 0 \quad \therefore M_X = Px - P\ell \Bigg\} \cdots\cdots (3)$$

←$Q = \dfrac{dM_x}{dx}$ が不成立

$\left(Q_x = -\dfrac{dM}{dx} \text{となっている} \right)$。

④断面力図

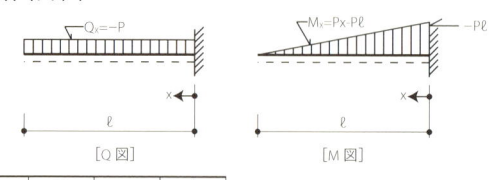

[Q図]　[M図]

	B	…	A
x	0		ℓ
Δx		ℓ	
M	$-P\ell$		0
ΔM		$P\ell$	

$$\frac{\Delta M}{\Delta x} = \frac{P\ell}{\ell} = P \longleftrightarrow Q = -P$$

$Q = \dfrac{\Delta M}{\Delta x}$ が不成立

$\left(Q = -\dfrac{\Delta M}{\Delta x} \text{となっている} \right)$

【比較検討】

	基本問題1 (a)	基本問題2 (a)	基本問題2 (b)	比較
	(図)	(図)	(図)	
x軸、Q_x、M_xの関係	(図)	(図)	(図)	
Q	$Q_x = -P$	$Q_x = -P$	$Q_x = -P$	● Q_xの式は同じ ● Q図は、基準線の位置変化に対応して位置が変化 ● 基準線の位置が同じならば、Q図は同じ
M	$M_x = -Px$　$-P\ell$	$M_x = +P\ell$	$M_x = Px - P\ell$	● M図は同じ ● M_xはすべて異なる
比較	$Q_x = \dfrac{dM_x}{dx}$ または $Q = \dfrac{\Delta M}{\Delta x}$ が成立	$Q_x = \dfrac{dM_x}{dx}$ または $Q = \dfrac{\Delta M}{\Delta x}$ が不成立 ……(−)が付く		

上の表から、基準線やx軸の方向に無関係に定まる「2つの性質」が得られる。

① M図は常に引張り側に生じる。
② Qの値は一定。

> **Memo**
> 「M図は引張り側に描く」という約束を守っていれば、基準線がなくても同じ図が得られる。

← **(重要)** M図には基準線は不要ということ(基準線を部材のどちら側に設定しても同じ図になる)。

supplement II

$Q_x = \dfrac{dM}{dx}$ または $Q = \dfrac{\Delta M}{\Delta x}$ が成立しない理由

【基本問題2】のように、基準線を梁の上に設定したり、x軸を左向きにすると、$Q = \dfrac{dM}{dx}$ または $Q = \dfrac{\Delta M}{\Delta x}$ の関係に（－）が付くようになる。この原因はQ_xとM_xの（＋）の設定が、統一されていないことにある。前頁の表の切断面におけるx軸、Q_x、M_xの方向に注目してほしい。

x軸からQ軸の回転方向と曲げモーメントの回転方向を比べると、【基本問題1(a)】の場合は逆になっているが、【基本問題2】の場合は一致していることが分かるであろう。これは、Point 4 に述べた、Q_xとM_xの（＋）方向の設定方法自体に関係している。

←「x軸からQ軸へに回転方向」とは下図の回転方向（↶ or ↷）

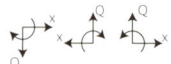

まずQについては、「切り口から微小な長さを切り取った部分を、時計方向に回転させる一対の力を（＋）とし、さらに切り口側に相当する力の方向を（＋）方向として設定する」という規則、すなわち「x軸の方向と関係付けられた規則」に基づいて定められている。

←Qの正負…Qは切り口を含む微小部分を時計方向に回転させる一対の力が（＋）。

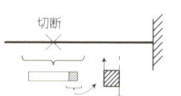

これに対して、Mの（＋）方向については、「部材のどちらかの面に基準線(…)を設け、その面が引張りになるように回転する場合を(＋)とする」のように、x軸とは無関係に任意に定めることができる。

←基準線を付ける位置により（＋）、（－）は逆になる。

以上のことから、$Q_x = \dfrac{dM}{dx}$ あるいは $Q = \dfrac{\Delta M}{\Delta x}$ が成立する条件は、【基本問題1】のように、「x軸からQ軸への回転方向とMの回転方向が逆になるように、Mの（＋）方向を設定する」ことである。

Memo

M図からQ図を描く方法

【基本問題2】で得られた性質を用いれば、M図から、Q図を直接描くことができる。

①Qの（＋）（－）：部材を水平に見たとき、M図が右上りの場合Qは（＋）、右下りの場合Qは（－）。

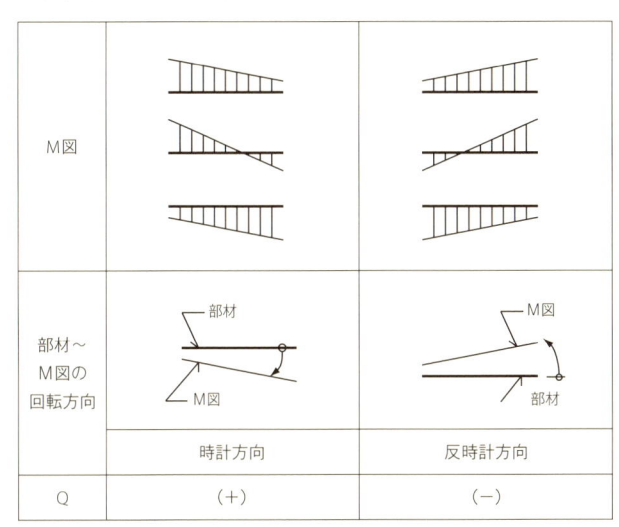

M図		
部材～M図の回転方向		
	時計方向	反時計方向
Q	（＋）	（－）

②Qの大きさ：部材軸に沿った長さΔxに対する、Mの変化量の絶対値$|\Delta M|$から、Qの値を求める（正確にはQの絶対値）

$$Q = \frac{|\Delta M|}{\Delta x}$$

③得られたQを、Qの基準線に従って図で表わす。

← 集中荷重やモーメント荷重などのM図が直線で表されるものを対象。等分布荷重については4章に記述する。

←「釣合条件からQを求めなくてよい」ということ。

← Qを考えるときは基準線の位置やx軸の方向は無視してよい。

← 部材の直線からM図の直線への回転方向を考えると、覚えやすい。すなわち、「部材→M図の回転が時計方向回転ならQは（＋）」。

← Mの（＋）（－）は気にしなくてもよい。Mの変化量の絶対値がΔMとなる。

基本問題 3　片持支持の断面力図（片持支持+集中荷重）

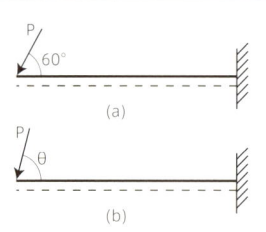

片持梁の先端に傾いた集中荷重が加わっている。M図、Q図、N図を描け。ただし、各図の（＋）は梁の下側（基準線を描いた側）とする。また θ は $0 \leq \theta \leq \pi$ とする。

Navi
- 基本手順通りに従って解いてみよう。最初に荷重Pを部材に沿った方向（水平方向）と部材に垂直の方向の方向（鉛直方向）に分けて考えると、解きやすい。
- $Q_x = \dfrac{dM_x}{dx}$ あるいは、$Q = \dfrac{\Delta M}{\Delta x}$ が成立するか、確認してみよう。

【(a)の解答】

①Pを水平方向と鉛直方向に分解して、分力を求める。

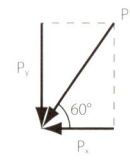

$$P_x = \frac{P}{2}、\quad P_y = \frac{\sqrt{3}}{2}P \quad \cdots\cdots(1)$$

②先端からxの位置で切断し、切り口に断面力を仮定する。

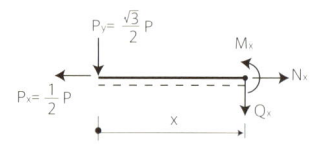

③釣合条件から断面力を求める。

$$\begin{cases} \sum X = \overleftarrow{P_x} - \overrightarrow{N_x} \equiv 0 & \therefore N_x = P_x = \dfrac{1}{2}P \\ \sum Y = P_y(\downarrow) + Q_x(\downarrow) \equiv 0 & \therefore Q_x = -P_y = -\dfrac{\sqrt{3}}{2}P \\ \sum_x M = P_y \cdot x + M_x \equiv 0 & \therefore M_x = -P_y x = -\dfrac{\sqrt{3}}{2}P \cdot x \end{cases} \cdots(2)$$

これより、$Q_x = \dfrac{dM_x}{dx}$ が成立している。

← Pの分力として、P_x（片持梁の部材軸に沿った方向）とP_y（片持梁の部材軸に直交方向）を求める。

← Point 1
先端から考えているため、反力を求めなくてもよい。

← Point 2～4
← Point 5、6

・N_xは（＋）であるから、引張。

・M_xは分力（P_x、P_y）を用いなくても切り口とPの作用線との距離（ℓ_x）から直接求めることもできる。

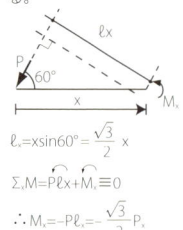

$\ell_x = x\sin 60° = \dfrac{\sqrt{3}}{2}x$

$\sum_x M = P\ell_x + M_x \equiv 0$

$\therefore M_x = -P\ell_x = -\dfrac{\sqrt{3}}{2}P x$

④断面力図

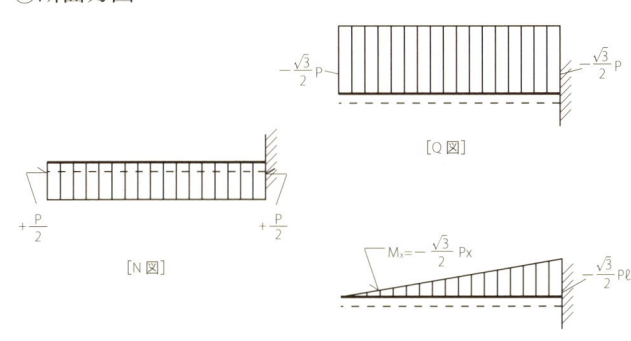

[Q図] $-\frac{\sqrt{3}}{2}P$ ... $\frac{\sqrt{3}}{2}P$

[N図] $+\frac{P}{2}$ ... $+\frac{P}{2}$

[M図] $M_x = -\frac{\sqrt{3}}{2}Px$ ... $-\frac{\sqrt{3}}{2}P\ell$

←Point 7
←x=0～ℓ の間に △x=ℓ、$\Delta M = -\frac{\sqrt{3}}{2}P\ell$ であり、Q=△M/△xが成立。

←M図の基準線は描かなくてもよい。

【(b)の解答】

①Pの分力

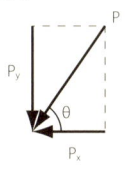

$P_x = P\cos\theta$
$P_y = P\sin\theta$ ……(3)

←(a)の①参照。

②断面力…問(a)の③の釣合式を利用とすると

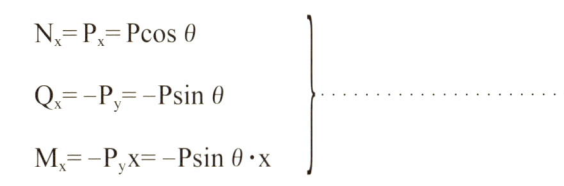

$$N_x = P_x = P\cos\theta$$
$$Q_x = -P_y = -P\sin\theta$$
$$M_x = -P_y x = -P\sin\theta \cdot x$$

……(4)

が求まり、$Q_x = \dfrac{dM_x}{dx}$ が成立している。

←(a)の②は同じ。

←$\theta = \pi/2$ の時、$N_x=0$、$Q_x=-P$、$M_x=-P\cdot X$ となり、P.57の【基本問題1(a)】と等しくなる。

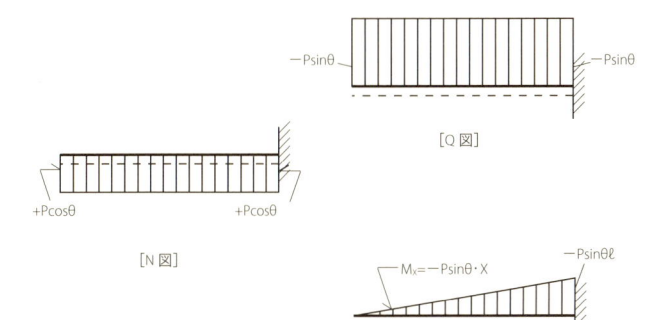

[Q図] $-P\sin\theta$ ... $-P\sin\theta$

[N図] $+P\cos\theta$ ... $+P\cos\theta$

[M図] $M_x = -P\sin\theta \cdot X$ ... $-P\sin\theta\ell$

←N_x は、$\pi/2 \leq \theta \leq \pi$ の時、圧縮となる（$\cos\theta < 0$ のため）。

基本問題 4　複数個の集中荷重

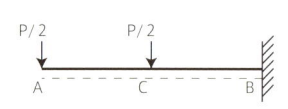

2個の集中荷重（総荷重P）が加わっている片持支持梁のM図とQ図を描け。なお、梁の下側にQの（＋）を描くものとする。

Navi
- 架構の端部、中間部の荷重の加わっている点に挟まれた領域それぞれで釣合条件を立てる必要がある。本問題では、AC間とCB間の2つの領域に分けて考える。
- 複数の荷重個々に対して、それぞれ別個に断面力図を求めた後に、最後に断面力図を総和しても解が得られる。
- $Q_x = \dfrac{dM_x}{dx}$、あるいは $Q = \dfrac{\Delta M}{\Delta x}$ が成立するか確認してみよう。
- 軸力は明らかにゼロ。

【解答】

① AC間（$0 \leq x < \dfrac{\ell}{2}$）

（ⅰ）切断

←AC間とCB間の2つの領域で分けて考える。

←「AC間で切断する」という意味。

←Point 1 ～ 4

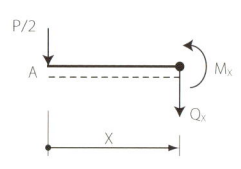

（ⅱ）釣合条件と断面力

$\sum Y = \dfrac{P}{2}(\downarrow) + Q_x(\downarrow) \equiv 0 \quad \therefore Q_x = -\dfrac{P}{2}$

$\sum_x M = \dfrac{P}{2}x + M_x \equiv 0 \quad \therefore M_x = -\dfrac{P}{2}x$

←Point 5, 6

① CB間（$\dfrac{\ell}{2} \leq x \leq 0$）

（ⅰ）切断

←「CB間で切断する」という意味。

←Point 1 ～ 4

068

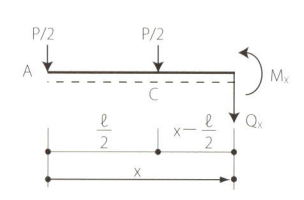

（ⅱ）釣合条件と断面力

$$\sum Y = \frac{P}{2} \times 2^{ヶ}(\downarrow) + Q_x(\downarrow) \equiv 0 \quad \therefore \quad Q_x = -P$$
$$\sum_x M = \underbrace{\frac{P}{2}x + \frac{P}{2}(x-\frac{\ell}{2})}_{Px - \frac{P\ell}{4}} + M_x \equiv 0 \quad \therefore \quad M_x = -Px + \frac{P\ell}{4} \quad \cdots (2)$$

← Point 5、6

③断面力図

（1）、（2）式を図示する。

[Q図] $Q_x = -\frac{P}{2}$, $Q_x = -P$

[M図] $M_x = -\frac{P}{2} \cdot x$, $M_x = -Px + \frac{1}{4}P\ell$, $-\frac{3}{4}P\ell$, $-\frac{P\ell}{4}$

← Point 7

← C点のQ図の段差はC点に加わる荷重（P/2）と等しい。

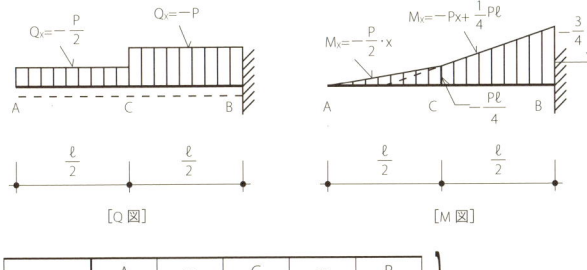

← 2つのP/2の合力は、$x = \ell/4$の位置に加わるPである。この合力に対するQ図とM図は以下のようになる。

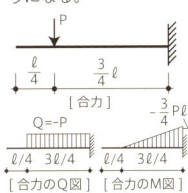

[合力] $\ell/4$, $3\ell/4$

[合力のQ図] $Q = -P$, $\ell/4$, $3\ell/4$

[合力のM図] $-\frac{3}{4}P\ell$, $\ell/4$, $3\ell/4$

	A	…	C	…	B
Δx		$\ell/2$		$\ell/2$	
M	0		$-P\ell/4$		$-3P\ell/4$
ΔM		$-P\ell/4$		$-P\ell/2$	
ΔM/Δx		$-P/2$		$-P$	

$Q = \frac{\Delta M}{\Delta x}$ が成立している

合力の断面力図と、③の断面力図を比較すると、CB間（$\ell/2 \leq x \leq \ell$）では一致している。B点の断面力は反力と等しい。

【別解】 2つの力を別個に考えて、それぞれについて断面力図を求め、最後に合わせた断面力図を求める。

④2つの力に分解

← 複数の力が加わっている場合、別個に断面力図を描いて最後に合計すると容易に解けることが多い。

[元の問題]

(=) [荷重1] $\frac{P}{2}$, ℓ, x

(+) [荷重2] $\frac{P}{2}$, $\ell/2$, $\ell/2$, x_1

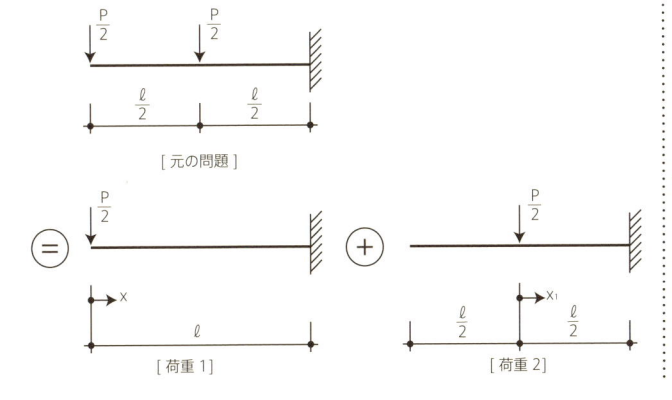

← 荷重ごとに別個の断面力図を求めることが目的だから、[荷重2]に対しても、x軸を使ってもさしつかえないのだが、ここでは混乱を避けるために[荷重2]に対してはx_1軸を用いることにした。

069

⑤[荷重1]に対して：[基本問題1（a）]の荷重Pを$\frac{P}{2}$に置き換えれば、断面力と断面力図が得られる。

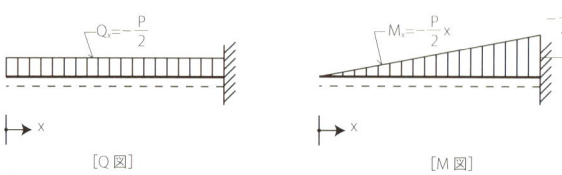

$$\left.\begin{array}{l} Q_x = -\dfrac{P}{2} \\ M_x = -\dfrac{P}{2}x \end{array}\right\} \cdots\cdots\cdots (3)$$

[Q図]　[M図]

⑥[荷重2]に対して：

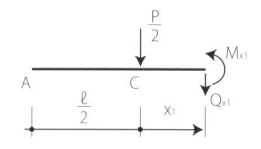

$$\begin{array}{ll} \sum Y = \dfrac{P}{2}(\downarrow) + Q_{x1}(\downarrow) \equiv 0 & \therefore Q_{x1} = -\dfrac{P}{2} \\ \sum_{x1} M = \dfrac{P}{2}x_1 + M_{x1} \equiv 0 & \therefore M_{x1} = -\dfrac{P}{2}x_1 \end{array}\right\} \cdots (4)$$

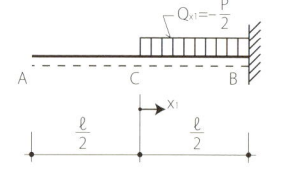

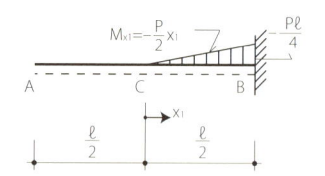

⑦[荷重1]＋[荷重2]
⑤と⑥のQ図とM図をそれぞれ合わせると、③の結果と同じ図が得られる。

←CB間で切断。AC間では、明らかにM=0、Q=0。
←Point 1～6
←C点を原点として、右方向にx_1軸を設定している。

←[荷重1]のx軸を用いる場合、式(4)のM_{x1}に $x_1 = x - \dfrac{\ell}{2}$ を代入すると、
$M_x = -\dfrac{P}{2}\left(x - \dfrac{\ell}{2}\right) = -\dfrac{P}{2}x + \dfrac{1}{4}P\ell$ となる。
[荷重1]の式(3)と合計すると、式(2)のM_xと同じになる。
$M_x = -P \cdot x + \dfrac{1}{4}P\ell$

←Point 7

Memo
複数の荷重が加わっている場合、個々の荷重に対する断面力図を求め、最後に足し合わせたほうが容易。

基本問題 5　2部材からなる片持支持梁

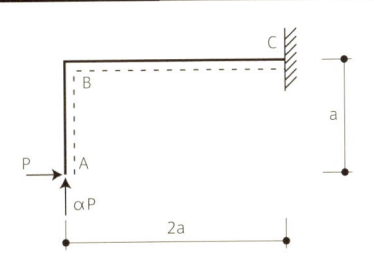

2部材からなる片持支持梁について(a)(b)2ケースの場合の断面力図を描け。また(b)の場合には、B点の釣合状態を確認せよ。
(a) $\alpha = 0$　　(b) $\alpha = 1$

> ● 構成している2つの部材、すなわちAB部材とBC部材の2つの領域に分けて、それぞれで切断して釣合条件から断面力を求める必要がある。
> ● 2つの部材の接合部のB点の両側で切断したとき、各部材の断面力が釣り合っていることを確認してみよう（釣り合っている架構からある節点を取り出しても、断面力は釣り合っている）。
> ● ここでは、M図から直接Q図を描いてみる。

【(a)の解答】

①AB部材で切断（$0 \leq y \leq a$）

←Point 2～4
…A点から上向きにyの位置で切断。

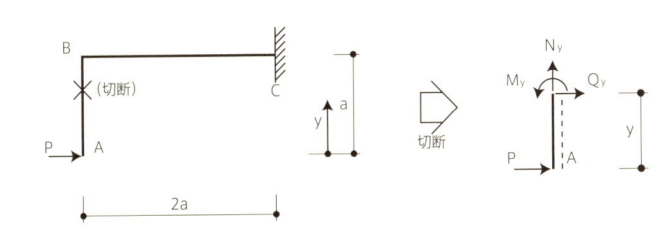

● 釣合条件

$\sum Y = N_y(\uparrow) \equiv 0$　　$\therefore N_y = 0$
$\sum_y M = Py + M_y \equiv 0$　　$\therefore M_y = -Py$ ……(1)

←Point 5～6
Q図はM図から直接求めるため、Qに関わる釣合条件は不要。
…ΣY：鉛直方向の釣り合い

②BC部材で切断（$0 \leq x \leq 2a$）

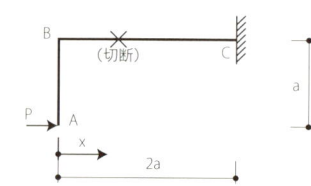

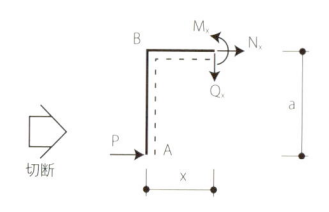

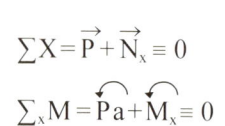

$$\sum X = \vec{P} + \vec{N_x} \equiv 0 \qquad \therefore N_x = -P$$
$$\sum_x M = \vec{P}a + \vec{M_x} \equiv 0 \qquad \therefore M_x = -Pa \quad \cdots\cdots(2)$$

←Point 2～4
　…B点から右向きにxの
　　位置で切断。

←Point 5～6
←$N_x < 0$であるから圧縮。

③断面力図［N図、M図］

［N図］　　　［M図］

←Point 7
　…式(1)(2)を図化。

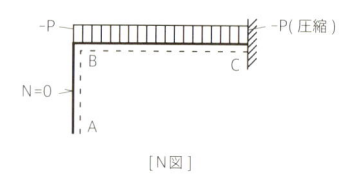

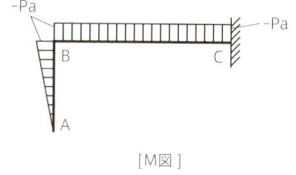

④断面力図［M図→Q図］

［M図］　　　［Q図］

←Point 8

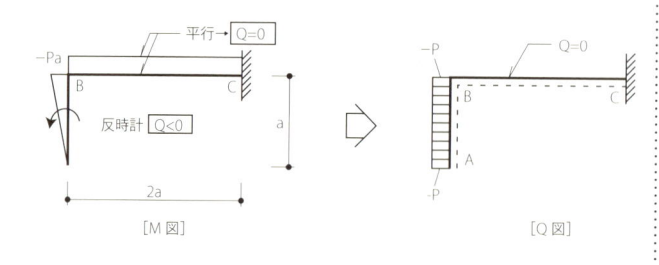

←［AB間］
　●AB部材を基準にする
　　と、M図は反時計回り。
　　→Qは（−）
　［BC間］
　●BC部材とM図は平行。
　　→Q=0

	A	→	B
Δy		a	
M	0		−Pa
|ΔM|		Pa	

$$Q = \frac{|\Delta M|}{\Delta y} = P$$

【(b)の解答】

①AB部材で切断（$0 \leq y \leq a$）

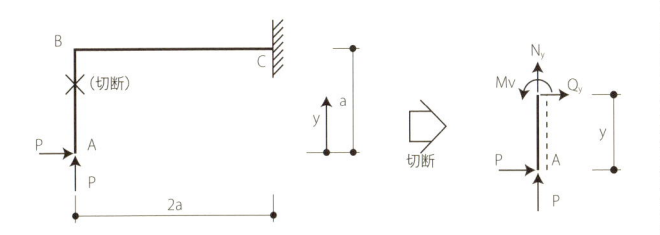

●釣合条件

$\sum Y = P(\uparrow) + N_y(\uparrow) \equiv 0 \quad \therefore N_y = -P \text{（圧縮）}$
$\sum_y M = Py + M_y \equiv 0 \quad \therefore M_y = -Py$ ……(1)

②BC部材で切断（$0 \leq x \leq 2a$）

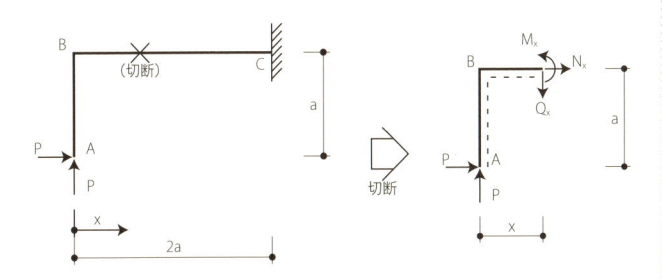

●釣合条件

$\sum X = \vec{P} + \vec{N_x} \equiv 0 \quad \therefore N_x = -P \text{（圧縮）}$
$\sum_x M = Pa - Px + M_x \equiv 0 \quad \therefore M_x = Px - Pa$ ……(2)

③断面力図[N図、M図]

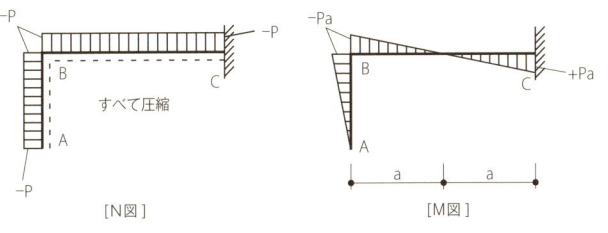

[N図] すべて圧縮、−P
[M図] −Pa, +Pa

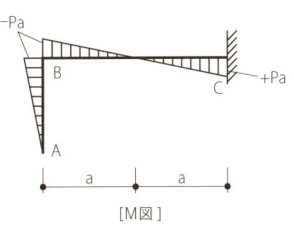

←↑P について求めて(a)の結果と加える方法もあるが、ここでは2つの力が同時に加わっている問題を直接解いてみる。

←Point 2〜4

←Point 5、6
…Q図はM図から求めるため、釣合条件は不要。

←Point 2〜4

←Point 5〜6

←Point 7
…式(1)(2)を図化。

④断面力図[M図→Q図]

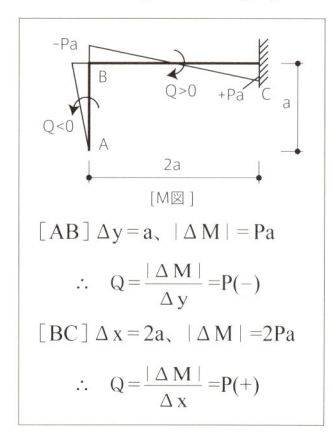

[AB] $\Delta y = a$、$|\Delta M| = Pa$
∴ $Q = \dfrac{|\Delta M|}{\Delta y} = P(-)$

[BC] $\Delta x = 2a$、$|\Delta M| = 2Pa$
∴ $Q = \dfrac{|\Delta M|}{\Delta x} = P(+)$

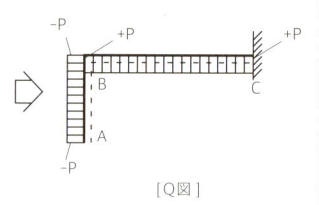

←Point 8

⑤B点の釣合状態の確認

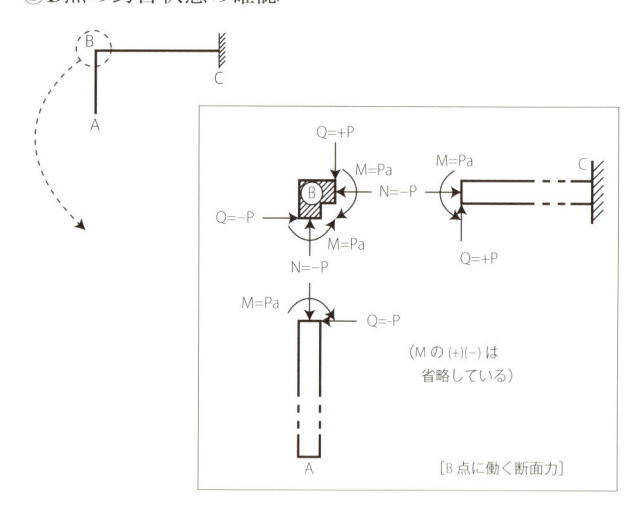

(Mの(+)(-)は省略している)

[B点に働く断面力]

←[手順]
①B点の近傍で切断。
②部材側の端部に③④で得られた断面力の値と方向を記入。
③点B側に②と逆方向の断面力を記入(作用・反作用の法則)。
④B点における釣合を確認(釣り合っている架構からB点のみを切り出しても、B点は釣合状態にある)。

上図より、
①(AB材のN)と(BC材のQ)
　(AB材のQ)と(BC材のN) 　　が釣り合っている。
すなわち、B点では水平・鉛直方向の釣り合いが成立している。

②節点BのMの釣合いが成立しており、このためには「両部材の端部のMの回転方向が逆であることが必要である。」

←「直角に交差している部材では片方の部材のN、Qがもう一方の部材のQ、Nと釣り合っている。」
→上記を「N、Qの交換」と名付ける。
P.75の[Memo]を参照。

←部材が折れている箇所のM図はMの釣り合いよりP.75の[Memo]の2種類となる。

074

NとQの交換

● 2部材が直角に折れ曲がっている場合、両部材のN、Qの値は逆転する（N、Qの交換）。N、Qの交換は、数値のみが該当。（＋）（－）については釣合いを考えて決める必要がある。
例えば、梁（水平材）のQ（＋）と柱（鉛直材）のNの関係は次のようになる（NとQは方向が逆になることに注意）。

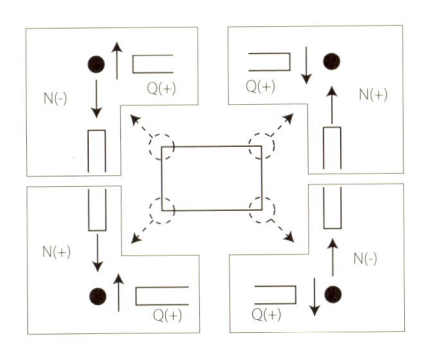

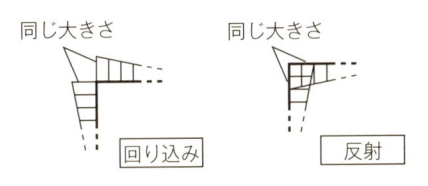

←2部材が「直角」で曲がっていることが条件。

←中央の□が架構を表わす。

←水平材の梁のQが（＋）の場合、柱のNの（＋）（－）がどうなるかを示している。

● 「N、Q交換」が可能な場合、M図→Q図→N図のようにM図からQ、N図を直接求めることができる。

M図の回り込み/反射

● 部材が折れている箇所のM図はMの釣合いより次の2種類となる。部材の折れ曲がり部分のM図は、「回り込み」か「反射」のいずれかになる。

同じ大きさ　　　同じ大きさ
　回り込み　　　　反射

Challenges

3-1 次の3個の集中荷重（総荷重P）が加わっている片持支持梁のM図とQ図を描け。なお、梁の下側にQの（＋）を描くものとする。

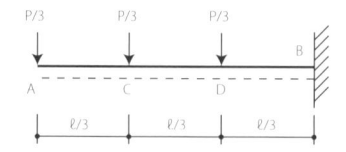

3-2 総荷重が（wℓ）と等しい2つの荷重が加わる片持支持梁（a）、（b）のM図とQ図を比較、検討せよ。

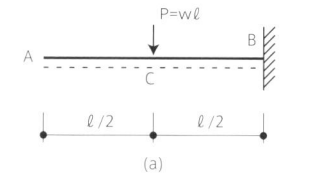

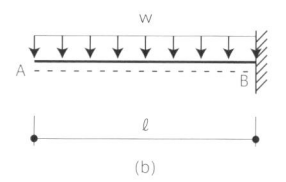

3-3 断面力図を描き、主要な点の値を記せ。

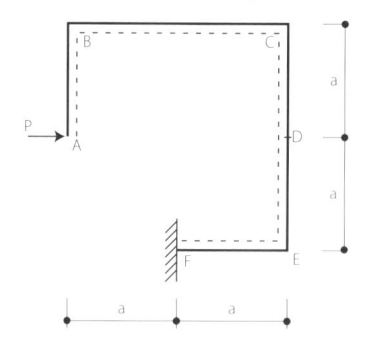

3-4 半径aの円弧からなる片持支持構造の断面力図を求めよ。

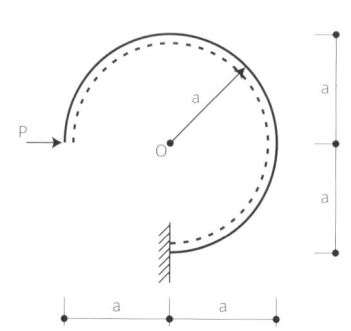

Challenges 解答

3−1

①[荷重1]

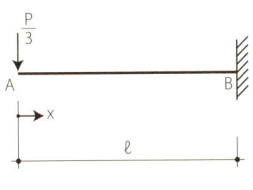

P.57の【基本問題1(a)】の荷重PをP/3に置換することにより、次式が得られる。

←P.69の【基本問題4(a)】の別解と同様の方法で解く。

$$Q_x = -\frac{P}{3}$$
$$M_x = -\frac{P}{3}x \quad \cdots\cdots (1)$$

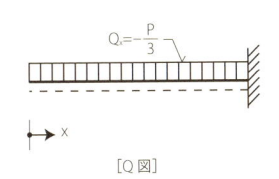

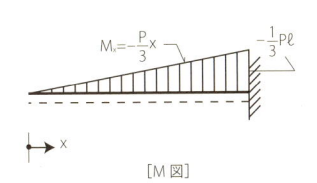

←Point 5〜7

[Q図]　[M図]

②[荷重2]

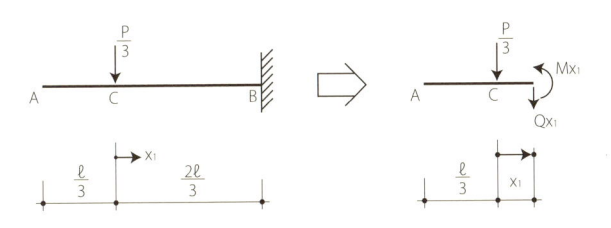

←$x_1 = x - \frac{\ell}{3}$

←Point 2〜6

$$\sum Y = \frac{P}{3}(\downarrow) + Q_{x1}(\downarrow) \equiv 0 \quad \therefore Q_{x1} = -\frac{P}{3}$$
$$\sum_{x1} M = \frac{P}{3}x_1 + M_{x1} \equiv 0 \quad \therefore M_{x1} = -\frac{P}{3}x_1 \quad \cdots\cdots (2)$$

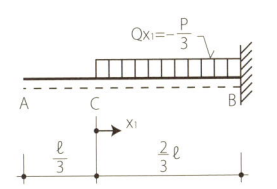

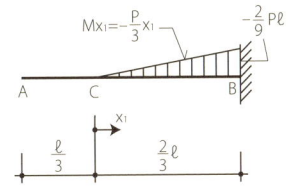

←M_{x1}をxで表すには、M_{x1}に$x_1 = x - \frac{\ell}{3}$を代入する。
$M_x = -\frac{P}{3}(x - \frac{\ell}{3})$
$= -\frac{P}{3}x + \frac{P\ell}{9}$

077

③ [荷重3]

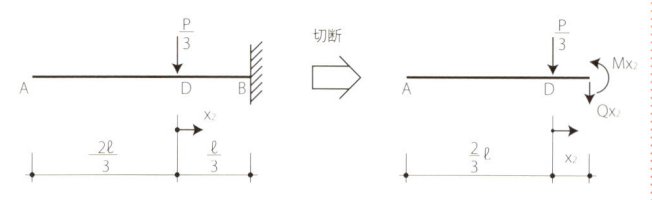

$\sum Y = \dfrac{P}{3}(\downarrow) + Q_{x2}(\downarrow) \equiv 0 \quad \therefore Q_{x2} = -\dfrac{P}{3}$

$\sum_{x2} M = \dfrac{P}{3}x_2 + M_{x2} \equiv 0 \quad \therefore M_{x2} = -\dfrac{P}{3}x_2$ ……(3)

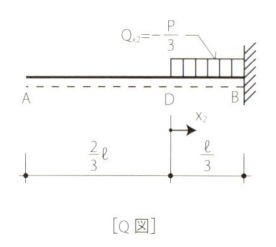

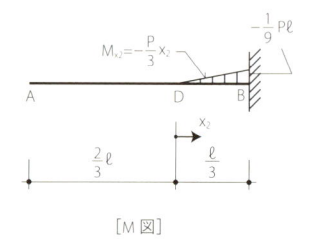

← $x_2 = x - \dfrac{2}{3}\ell$

←Point 2 ~ 6

← M_{x2} を x で表すと、次のようになる。
$M_x = -M_{x2}\big|_{x_2 = x - \frac{2}{3}\ell}$
$= -\dfrac{P}{3}(x - \dfrac{2}{3}\ell)$
$= -\dfrac{P}{3}x + \dfrac{2}{9}P\ell$

[Q図]　[M図]

④ [荷重1]～[荷重3] の総和

①～③のQ図とM図をそれぞれ足し合わせると、断面力図が得られる。

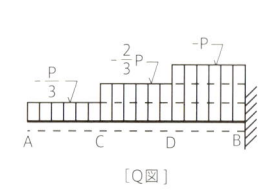

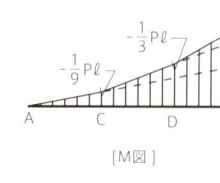

[Q図]　[M図]

	A	⋯	C	⋯	D	⋯	B
x	0		$\ell/3$		$2\ell/3$		ℓ
Δx		$\ell/3$		$\ell/3$		$\ell/3$	
M	0		$-P\ell/9$		$-P\ell/3$		$-2P\ell/3$
ΔM		$-P\ell/9$		$-2P\ell/9$		$-P\ell/3$	
$\Delta M/\Delta x$		$-P/3$		$-2P/3$		$-P$	

$Q = \dfrac{\Delta M}{\Delta x}$ が成立している。

←[M_x のまとめ]
　…A点を原点とした x で表した M の式

● AC間（$0 \leq x \leq \ell/3$）
$M_x = -\dfrac{P}{3}x$

● CD間（$\ell/3 \leq x \leq 2\ell/3$）
$M_{x1} = M_x + M_{x1}$
$= -\dfrac{P}{3}x + (-\dfrac{P}{3}x + \dfrac{P\ell}{9})$
$= -\dfrac{2}{3}Px + \dfrac{P\ell}{9}$

● DB間（$2\ell/3 \leq x \leq \ell$）
$= M_{x1} + M_{x2}$
$= -\dfrac{2}{3}Px + \dfrac{P\ell}{9} + (-\dfrac{P}{3}x + \dfrac{2}{9}P\ell)$
$= -Px + \dfrac{1}{3}P\ell$

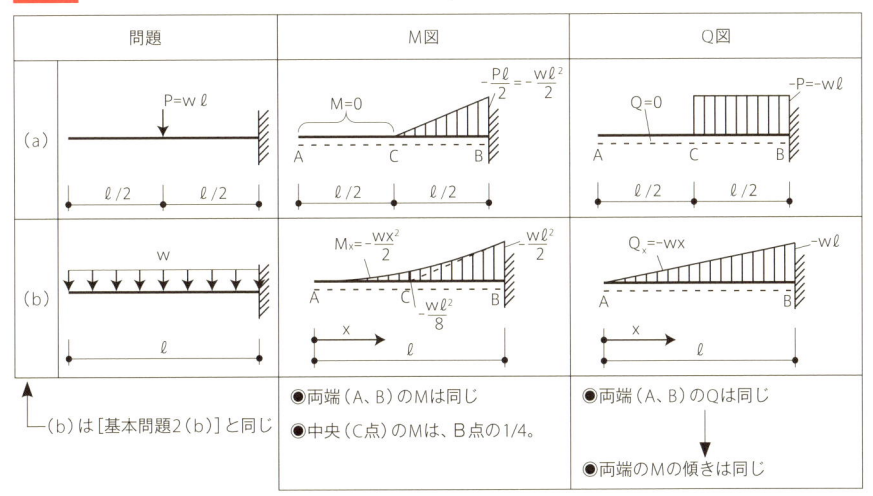

3-2

問題	M図	Q図
(a) P=wℓ、ℓ/2+ℓ/2 片持梁	$M=0$ (A〜C), $-\frac{Pℓ}{2}=-\frac{wℓ^2}{2}$ (B)	$Q=0$ (A〜C), $-P=-wℓ$ (C〜B)
(b) w等分布荷重、ℓ 片持梁	$M_x=-\frac{wx^2}{2}$, $-\frac{wℓ^2}{2}$ (B), $-\frac{wℓ^2}{8}$ (C)	$Q_x=-wx$, $-wℓ$ (B)

└ (b)は[基本問題2(b)]と同じ

- 両端（A、B）のMは同じ
- 中央（C点）のMは、B点の1/4。

- 両端（A、B）のQは同じ
- 両端のMの傾きは同じ

Memo
この結果は、等分布荷重時のM、Q図を、等価な集中荷重時の図から求める原理を示したものである。

3-3

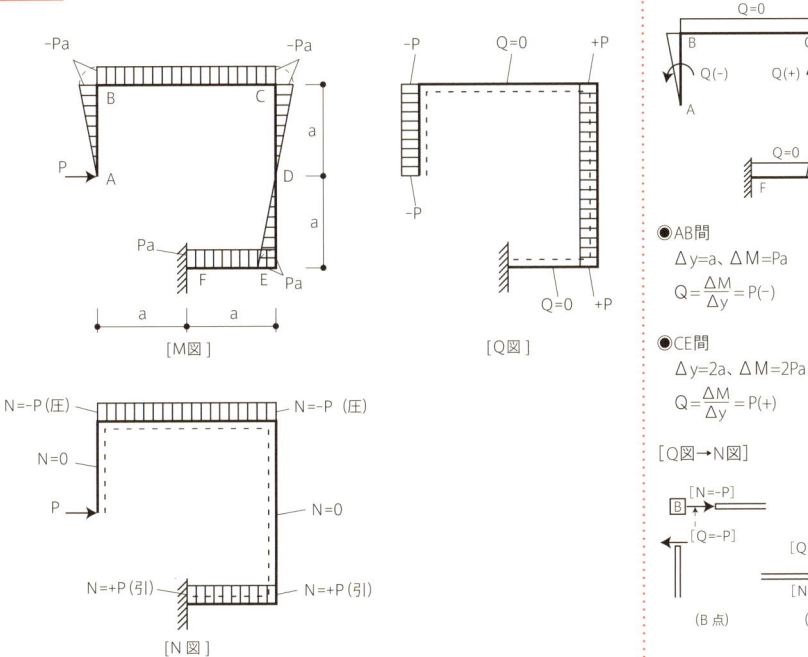

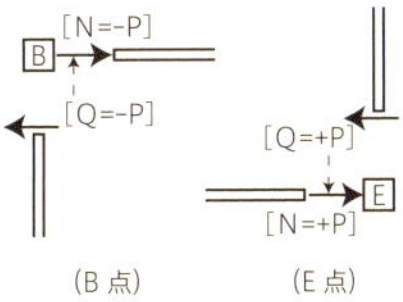

[M図] ラーメン：B,C上部 −Pa、F,E下部 Pa、P→A、D点、a+a、a+a

[Q図] 左辺 −P、上辺 Q=0、右辺 +P、下辺 Q=0

[N図] 上辺 N=−P（圧）、左辺 N=0、右辺 N=0、下辺 N=+P（引）、P→

[M図→Q図]
B─Q=0─C
Q(−) A D Q(+)
F─Q=0─E

● AB間
 $\Delta y=a$、$\Delta M=Pa$
 $Q=\dfrac{\Delta M}{\Delta y}=P(-)$

● CE間
 $\Delta y=2a$、$\Delta M=2Pa$
 $Q=\dfrac{\Delta M}{\Delta y}=P(+)$

[Q図→N図]

B [N=−P]
 [Q=−P]
  [Q=+P]
   [N=+P] E

（B点）　（E点）

3-4

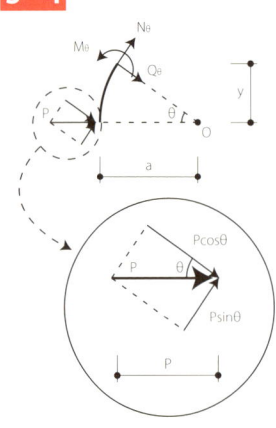

- θを変数として考える。
- 最初にPについてN_θとQ_θ方向の分力を求めておく。
- 切断位置を中心にしたモーメントの釣合いはPからの鉛直方向距離(y)を使って書くことができる。

$$\sum_\theta M = Py + M_\theta \equiv 0$$
$$\therefore M_\theta = -Py = -Pa\sin\theta$$

←$y = a\sin\theta$

- Q_θ方向(Y方向とする)の釣合いは、Pの分力$P\cos\theta$を用いると次のようになる。

$$\sum Y = P\cos\theta(\searrow) + Q_\theta(\searrow) \equiv 0 \quad \therefore Q_\theta = -P\cos\theta$$

- N_θ方向(X方向とする)の釣合いは、Pの分力$P\sin\theta$を用いて求める。

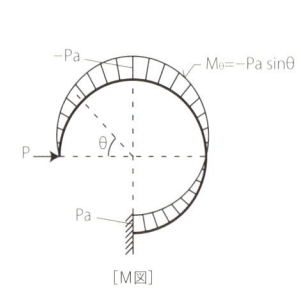

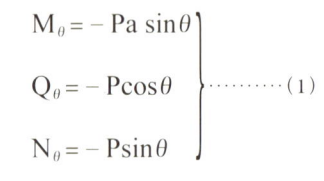

$$\sum X = P\sin\theta(\nearrow) + N_\theta(\nearrow) \equiv 0 \quad \therefore N_\theta = -P\sin\theta$$

←円弧に沿った微小長さをdrとすると、$dr = ad\theta$を考慮して、

$$Q_\theta = \frac{dM_\theta}{dr} = \frac{dM_\theta}{ad\theta}$$

から求めることも可能。

まとめると、次式となる。$(0 \leq \theta \leq \frac{3}{2}\pi)$

$$\left.\begin{array}{l} M_\theta = -Pa\sin\theta \\ Q_\theta = -P\cos\theta \\ N_\theta = -P\sin\theta \end{array}\right\} \cdots\cdots(1)$$

←**3-3**の断面力図との相似性に注目してほしい。

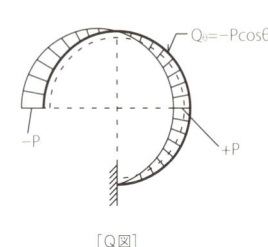

[M図]

[Q図]

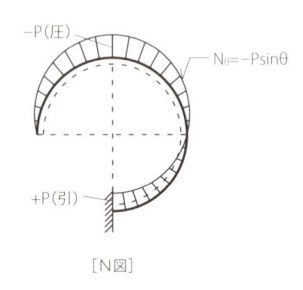

[N図]

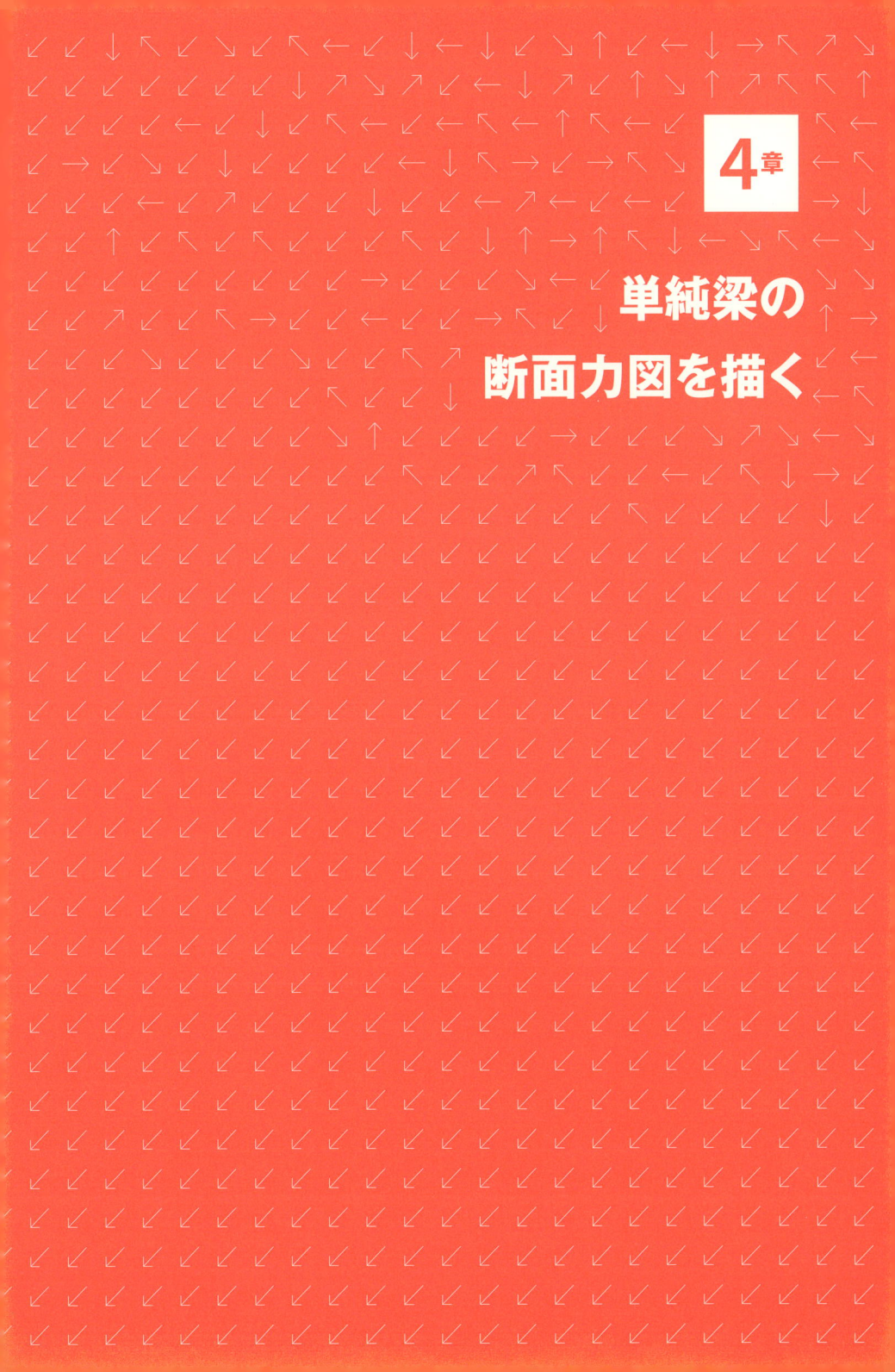

4章

単純梁の
断面力図を描く

Level Up!

4章 単純梁の断面力図を描く

本章では……

集中荷重・等分布荷重・モーメント荷重を受ける単純支持梁の(主にM図、Q図)を描くことにより、次のことを学習する。いずれも、3章で学んだ内容をさらに拡張したものである。
- 断面力分布図の描き方
- M図とQ図の関係の理解
- M図からQ図を直接描く方法

基礎知識

基本的には2章と同様。異なる点は、架構の端から距離xの点で架構を切断することである。
- **断面力を求めたい点で架構を仮想的に切断すると、切り口に断面力が現れる。**
- **断面力と外力と反力は釣合う。**
- **釣合条件:「移動しないこと」かつ「回転しないこと」**
- **架構の端から距離xの点で架構を切断すること。**

method

❶ 反力を求める。... Point 1
❷ 端部から距離xの点で、架構を仮想的に切断する。........ Point 2
❸ 切り口に断面力(N_x, Q_x, M_x)を仮定する。............ Point 3 4
❹ 検討する部分で釣合条件式を立て、............................ Point 5 6
　これを解くことによりN_x, Q_x, M_xを求める。
❺ x(②で設定)とN_x, Q_x, M_xの関係を架構に沿って描く。... Point 7 8

Point 1 　反力：反力を求めることが第1歩。反力を求める方法は1章を参照。

Point 2 　自由物体図：3章のPoint 2 参照

● 反力を求めた後は、単純支持梁を片持支持梁と同じように考えられる。

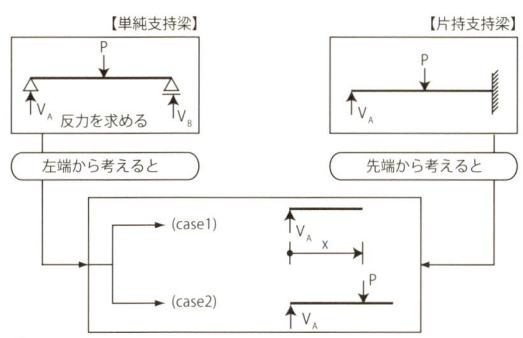

【単純支持梁】　　　　　　　　　　　【片持支持梁】

← 単純支持梁で反力を求めた後では、支点を除いた自由物体図を用いて考えればよい。このとき、反力は外力として考える。単純支持梁の場合、自由物体図は片持支持梁と同じように考えることができる。

Point 3 　断面力の仮定

M_x は、x の関数という意味で、$M(x)$ と同じ意味。Q_x、N_x も同じ。N_x、Q_x、M_x は x を含んだ式で表される。

← 2章のPoint 3 を参照

Point 4 　断面力の正負

← 2章のPoint 4 と同じ

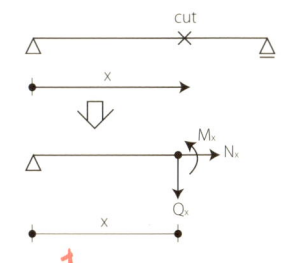

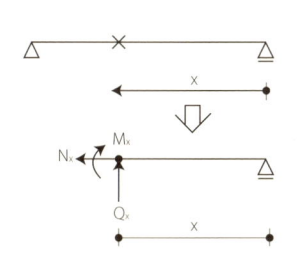

Point 5 　釣合条件（自由物体）

● 釣合条件は「$\Sigma X=0$、$\Sigma Y=0$、$\Sigma M=0$」の連立方程式で表される。

← 2章のPoint 5 と同じ

Point 6 　断面力を求めるコツ

● 次のように釣合条件を立てると、断面力が容易に求まる。
$\Sigma X=0$：切断部材の軸に沿った方向の釣合式

← 2章のPoint 6 と同じ

ΣY=0：切断部材の軸に垂直な方向の釣合式
ΣM=0：切断位置を中心としたモーメントの釣合式

Point 7　断面力図

- 断面力の大きさを、部材の各点から鉛直方向に立てた線分の長さで表すことで、断面力を描く。　←3章のPoint 7 を参照
- 断面力の（＋）を描く側を指定する「基準線」は本章では指定しない。Q図とN図の（＋）を描く側は、梁では下側を（＋）に設定する。また柱は特記しない場合、右側を（＋）とする。

←「M図は引張り側に描く」という約束があれば、基準線は不要となる（P.63の3章【基本問題2】[Memo]を参照）。

Point 8　M図から直接Q図を描くことも可能

- Q図は釣合式を求めなくても、M図から直接描くことができる。

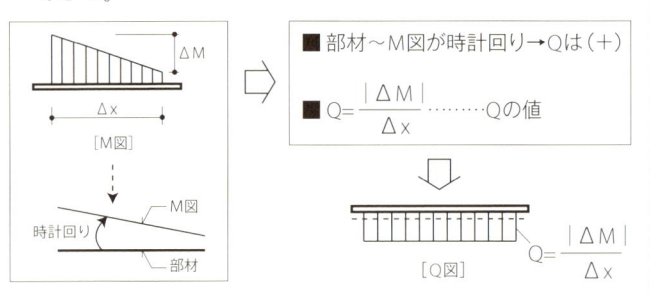

←P.63の3章【基本問題2】の[Memo]を参照）。

■ 部材〜M図が時計回り→Qは（＋）

■ $Q=\dfrac{|\Delta M|}{\Delta x}$ ……… Qの値

[M図]　時計回り　M図　部材

[Q図]　$Q=\dfrac{|\Delta M|}{\Delta x}$

←部材に沿って長さΔxの間に、MがΔMだけ直線変化。

←$|\Delta M|$はΔMの絶対値。

information Ⅰ

等分布荷重時のM、Q（M_w、Q_w）を等価集中荷重のM、Q（M_p、Q_p）から描く。

等分布荷重を、総荷重が等しい集中荷重$\bar{P}$に変換し、それぞれのM図とQ図を比較する。

←これはP.88の【基本問題1】の結果に基づいたものである。

←（$\bar{P}$の大きさ）=w×ℓ（wの加わっている範囲の長さ）

$M_{wo} = \dfrac{w\ell^2}{8}$　　$M_{Po} = \dfrac{w\ell^2}{4}$

- $M_{wo} = \dfrac{1}{2} M_{Po}$ …… $M_{wo} = \dfrac{w\ell^2}{8}$

- wの加わっている範囲の両端においては…

  M_PはM_wの接線となる。

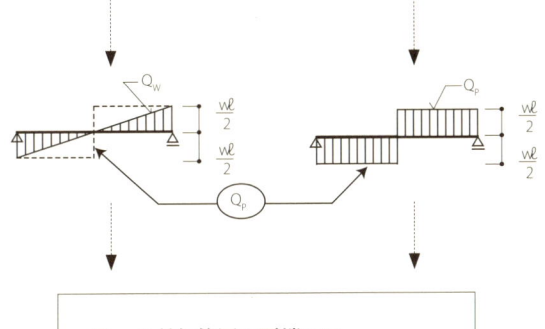

←wの付加範囲の両端では、Q_wとQ_pは同じという性質より、「M_wとM_pの傾きは同じ」となる。すなわち、M_pはM_wの接線。

- wの付加範囲の両端では…

  $Q_w = Q_p$

085

information II

$M_P → M_w$：M_PからM_wを直接描く。

← [Information I] の性質を用いる。

等価集中荷重$\bar{P}(=wa)$で描かれたモーメント図M_Pから、wに対するモーメント図M_wを直接求める方法を示す。

← w：等分布荷重
 　a：wの加わっている長さ

w：等分布荷重
a：wの加わっている長さ（i点からj点の間）
$\bar{P}=wa$：等価集中荷重（aの中央に加わっている）
$\left.\begin{array}{l}M_i \\ M_j\end{array}\right\}$：範囲aの両端（i,j点）の$M_P$の値

$M_k = \dfrac{M_i+M_j}{2}$ ：M_iとM_jの平均

$M_{Po} = \dfrac{wa^2}{4}(=\dfrac{\bar{P}a}{4})$

$M_{wo} = \dfrac{wa^2}{8}$

$\longrightarrow M_{wo} = \dfrac{M_{Po}}{2}$

[手順]

① M_P図のa部分の両端の曲げモーメントM_i、M_jの平均値$M_k=(M_i+M_j)/2$を求める。M_kはM_iとM_jを結ぶ直線の中点となる。

② M_kとM_{Po}を結ぶ直線の中点を求める。この点とM_kの間の距離（曲げモーメントの大きさ）は$wa^2/8(=M_{wo})$であり、M_kとM_{wo}の和がM_{wc}となる。

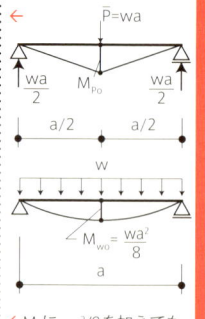

← M_kに$wa^2/8$を加えても同じ点が求まる。

③ M_i、M_j、M_{wc}を通る曲線を描くと、wに対するM図（M_w図）が得られる。またi、j点では、M_P図はM_w図の接線となる。

← M_wは、aの中点のMの値でありMの最大値ではないことに注意。

④ M_{max}を求めたい時には［Information III］のQ図より、Q=0となる点を中心にしたモーメントの釣合いから別途求める必要がある。

information Ⅲ

$Q_P → Q_w$：Q_PからQ_wを直接描く。

等価集中荷重$\overline{P}(=wa)$に対するQ図（Q_P図）から、wに対するQ図（Q_w図）を求める方法を示す。この方法を使えばQ_PはM_Pから直接描くことができるため、$M_P→Q_P→Q_w$の手順でM_PからQ_wを求められる。

←a：wの加わっている長さ。
←Point 8

[手順]
① Q_P図のa部分の両端のせん断力Q_iとQ_jを結ぶとQ_w図が得られる。

② Q_P図においてQ=0となる位置で曲げモーメントが最大値を示す。

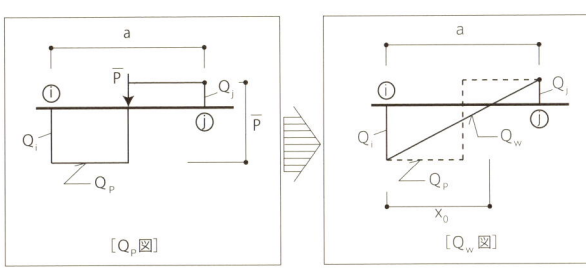

←正確には「最大値」ではなく、「極値（Mの傾きがゼロ）」。

←Q_P図では、$\overline{P}$の位置（aの中心）で大きさ$\overline{P}$の段差が生じている。

[Q_P図]　　[Q_w図]

$\begin{array}{l} a: \\ \overline{P}=wa: \end{array}\Big\}$ [Information Ⅱ] を参照

$\begin{array}{l} Q_i \\ Q_j \end{array}:\Big\}$ 範囲aの両端（i、j点）のQ_Pの値

x_0：M_wの傾きがゼロになる位置、すなわち$Q_w=0$の位置。

Memo

等分布荷重時のM図とQ図を「集中荷重変換」により簡単に描く。

【手順】
① w→$\overline{P}$変換：wの総荷重[aw：aはwの加わっている長さ]の大きさを持つ集中荷重$\overline{P}$をaの中点に加える。
② M_P図：P.82の[Method]の①〜⑤に従って、Pに対するM図（M_P図）を描く。
③ Q_P図：M_P図からQ_P図を描く。（←Point 7）
④ $M_P→M_w$変換：[Information Ⅱ]に従ってM_w図を描く。
⑤ $Q_P→Q_w$変換：[Information Ⅲ]に従ってQ_w図を描く。
⑥ M_{max}（Mの最大値）：$Q_w=0$の点のM_wの値がM_{max}となる。

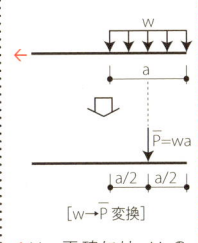

[w→$\overline{P}$変換]

←M_{max}：正確には、M_wの傾きがゼロになるときのM_wの値。

基本問題 1　　PとWを受ける単純支持梁のM、Q図

図のように(a)集中荷重と(b)等分布荷重を受ける単純支持梁のM図とQ図を描け(軸力Nは明らかにゼロ)。また、得られた図を用いて、総荷重が等しい場合($P=w\ell$)について、下記の項目について比較検討せよ。

(1) 中央点(C点)の曲げモーメント……(a) M_{PC} と (b) M_{wC}
(2) 端点(A、B点)のせん断力……(a) Q_{PA}、Q_{PB} と (b) Q_{wA}、Q_{wB}

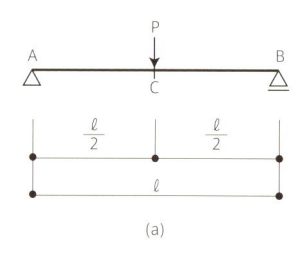

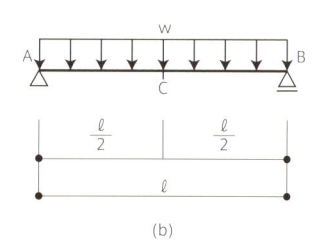

Navi
- 単純支持梁の基本問題。P.35の2章の【基本問題2】を参照。
- この問題の解答から、3章の片持支持梁で得られた「M図からQ図を直接求める方法」が単純支持梁でも適用できることを確認しよう。
- 等分布荷重(w)が長さℓの範囲に加わっている場合、総荷重($w\ell$)が同じ大きさの集中荷重に置き換えてM図、Q図を描き、これからwのM図、Q図に変換できることを学ぼう。

【(a)の解答】
①反力　　　　　　　　　　　　　　　　　　　　　　　　←Point 1

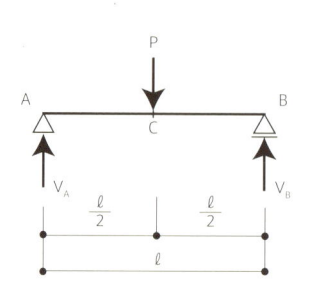

$$\sum Y = V_A(\uparrow) + V_B(\uparrow) - P(\downarrow) \equiv 0 \longrightarrow \boxed{V_A = \frac{P}{2}(\uparrow)}$$

$$\sum_A M = P \cdot \frac{\ell}{2} - V_B \cdot \ell \equiv 0 \longrightarrow \boxed{V_B = \frac{P}{2}(\uparrow)}$$

②釣合条件

(ⅰ) AC間切断 ($0 \leq x < \frac{\ell}{2}$)

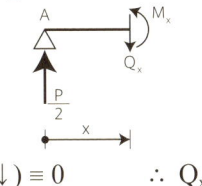

$$\sum Y = \frac{P}{2}(\uparrow) - Q_x(\downarrow) \equiv 0 \qquad \therefore Q_x = \frac{P}{2}$$

$$\sum_x M = M_x - \frac{P}{2}x \equiv 0 \qquad \therefore M_x = \frac{P}{2}x$$

……(1)

←Point 2〜4

←$Q_x = \frac{dM_x}{dx}$が成立している。

(ⅱ) CB間切断 ($\frac{\ell}{2} \leq x \leq \ell$)

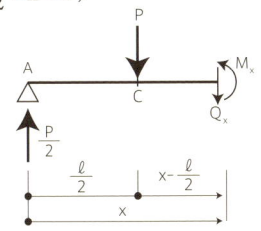

$$\sum Y = \frac{P}{2}(\uparrow) - P(\downarrow) - Q_x(\downarrow) \equiv 0 \quad \therefore Q_x = -\frac{P}{2}$$

$$\sum_x M = M_x + P(x - \frac{\ell}{2}) - \frac{P}{2}x \equiv 0 \quad \therefore M_x = -\frac{P}{2}x + \frac{P\ell}{2}$$

……(2)

←$Q_x = \frac{dM_x}{dx}$が成立している。

③断面力図

←Point 5〜6

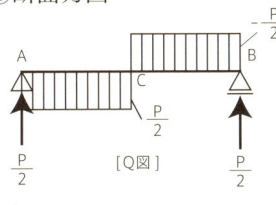

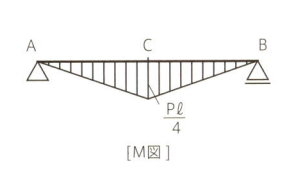

[Q図]　[M図]

【(b)の解答】

←Point 1

①反力

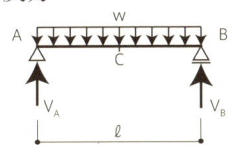

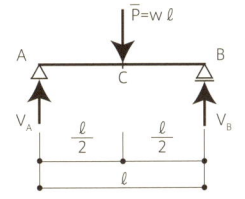

$$\sum Y = V_A(\uparrow) + V_B(\uparrow) - w\ell(\downarrow) \equiv 0 \longrightarrow \boxed{V_A = \frac{w\ell}{2}(\uparrow)}$$

$$\sum_A M = w\ell \cdot \frac{\ell}{2} - V_B \cdot \ell \equiv 0 \longrightarrow \boxed{V_B = \frac{w\ell}{2}(\uparrow)}$$

089

②釣合条件（AC間切断：$0 \leq x < \ell$）

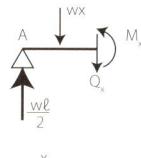

←Point 2〜4

←等分布荷重のとき、M_xは2次関数となる。

$$\sum Y = \frac{w\ell}{2}(\uparrow) - wx(\downarrow) - Q_x(\downarrow) \equiv 0 \quad \therefore \quad Q_x = \frac{w\ell}{2} - wx$$

$$\sum_x M = M_x + wx \cdot \frac{x}{2} - \frac{w\ell}{2}x \equiv 0 \quad \therefore \quad M_x = -\frac{w}{2}x^2 + \frac{w\ell}{2}x \quad \Bigg\} (3)$$

③断面力図

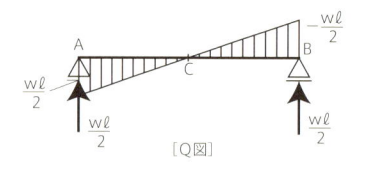

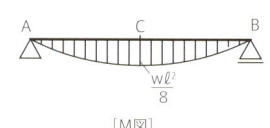

←Point 5〜6

[Q図]　　　[M図]

【比較検討】

	基本構造	M図	Q図	M最大値
集中荷重				$M_{PC} = \dfrac{P\ell}{4}$
等分布荷重				$M_{wC} = \dfrac{w\ell^2}{8}$

[総荷重が等しい場合（$P = w\ell$）のM、Qの比較]

(1) $M_{PC} = \dfrac{P\ell}{4}$、$M_{wC} = \dfrac{w\ell^2}{8} = \dfrac{P\ell}{8}$　　$\therefore \quad M_{PC} = 2M_{wC}$

(2) $Q_{PA} = \dfrac{P}{2}$、$Q_{wA} = \dfrac{w\ell}{2} = \dfrac{P}{2}$　　$\therefore \quad Q_{PA} = Q_{wA}$

　　　　　　　同様に、　$Q_{PB} = Q_{wB}$

基本問題2　M図とQ図の関係

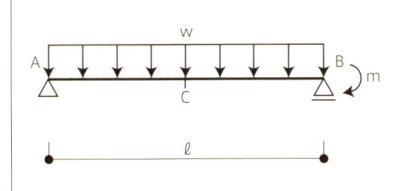

単純支持梁に等分布荷重wとモーメント荷重mが加わっている。各設問に関してM、Q図を描け。
(1) wのみ加わっている場合(m=0)
(2) mのみ加わっている場合(w=0)
(3) wとmが両方とも加わり、A点の反力(V_A)がゼロとなる場合

Navi
- P.87の[Memo]に示した$w \to \overline{P}$変換、$M_P \to Q_P$変換、$M_P \to M_W$変換、$Q_P \to Q_W$変換の方法を用いて解いてみよう。
- 問(1)は、P.88の【基本問題1(b)】と同じである。異なる解法で同じ答が得られるか、確認してみよう。
- 端部にモーメント荷重が加わったとき、等分布荷重時のM図、Q図がどのように変化するか観察しよう。

【(1)の解答】

① wを$\overline{P}$に変換。　　←P.87の[Memo]を参照。

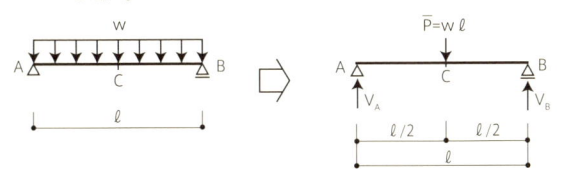

$\overline{P} = w\ell$

② 反力　　←Point 1　←P.88【基本問題1(a)】と同じ。

$\sum Y = V_A(\uparrow) + V_B(\uparrow) - \overline{P}(\downarrow) \equiv 0 \longrightarrow \boxed{V_A = \dfrac{\overline{P}}{2}(\uparrow)}$

$\sum_A M = -V_B \cdot \ell + \overline{P}\dfrac{\ell}{2} \equiv 0 \longrightarrow \boxed{V_B = \dfrac{\overline{P}}{2}(\uparrow)}$

③ M_P図　　←Point 2〜4　←P.88【基本問題1(a)】と同じ。

(i) AC間で切断 $(0 \leq x < \dfrac{\ell}{2})$

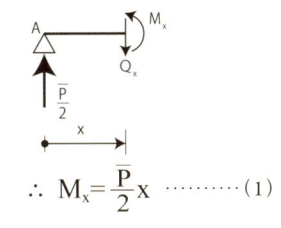

$\sum_x M = M_x - \dfrac{\overline{P}}{2}x \equiv 0 \qquad \therefore M_x = \dfrac{\overline{P}}{2}x \quad \cdots\cdots (1)$

←Q_P図はM_P図から直接求めるため、Q_xはここでは求めない。

091

(ⅱ) CB間切断 （$\frac{\ell}{2} \leq x \leq \ell$）

←対称性を考慮する時は
（ⅱ）は不要。

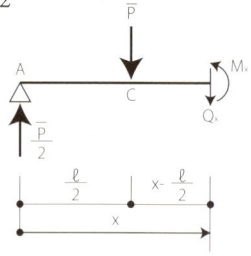

$$\sum_x M = M_x - \frac{\overline{P}}{2}x + \overline{P}\left(x - \frac{\ell}{2}\right) \equiv 0 \quad \therefore \quad M_x = \frac{\overline{P}}{2}(\ell - x) \cdots (2)$$

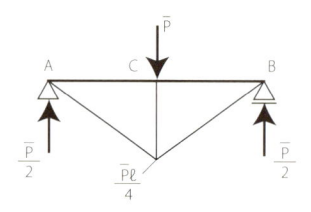

[M_P 図]

←式（1）より
$M_c = \frac{\overline{P}}{2} \times \frac{\ell}{2} = \frac{\overline{P}\ell}{4}$

④ $M_P \rightarrow Q_P$ 変換

	A	…	C	…	B
x	0		$\ell/2$		ℓ
Δx		$\ell/2$		$\ell/2$	
M	0		$\overline{P}\ell/4$		0
$\|\Delta M\|$		$\overline{P}\ell/4$		$\overline{P}\ell/4$	
$\|\Delta Q\| = \frac{\|\Delta M\|}{\Delta x}$		$\overline{P}/2$		$\overline{P}/2$	
+／−	$\Delta M/\Delta x$	↻(+)		↺(−)	

[Q_P 図]

←[＋／−]欄は部材からMへの回転方向とそれに基づくQの正負を表わす。

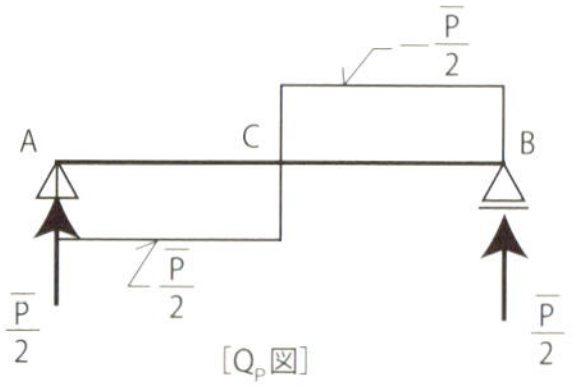

Q＞0　　Q＜0
[Qの＋−の判定]

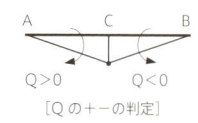

⑤ $M_P → M_w$ 変換

[M図]

⑥ $Q_P → Q_w$ 変換

[Q図]

←P.86の[Information II]を参照。

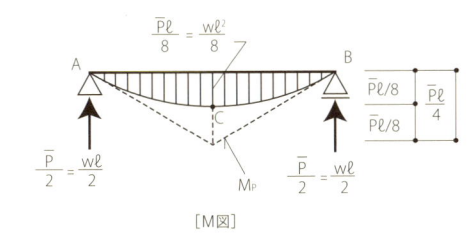

←P.87の[Information III]を参照。

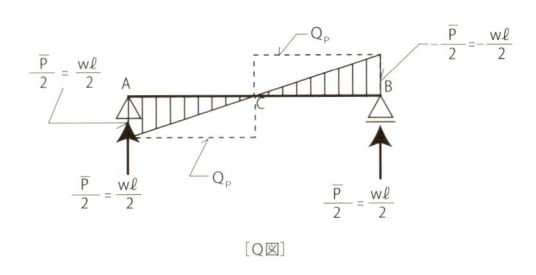

【(2)の解答】

①反力

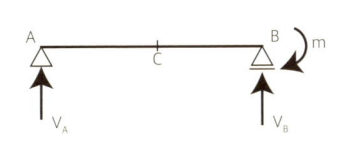

$$\sum Y = V_A(\uparrow) + V_B(\uparrow) \equiv 0 \longrightarrow \boxed{V_A = -\frac{m}{\ell}(\downarrow)}$$

$$\sum_A M = -V_B \cdot \ell + m \equiv 0 \longrightarrow \boxed{V_B = \frac{m}{\ell}(\uparrow)}$$

←Point 1

←ABの両支点に生じている2つの鉛直反力が偶力を形成している。回転方向は荷重mと釣り合っている(P.19の1章【基本問題5】を参照)。

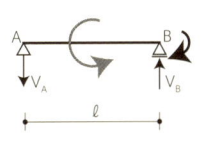

② M図：AB間切断 ($0 \leq x \leq \ell$)

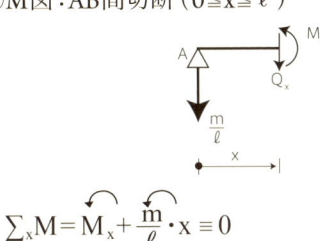

$$\sum_x M = M_x + \frac{m}{\ell} \cdot x \equiv 0 \qquad \therefore M_x = -\frac{m}{\ell}x$$

←Point 2〜4

093

[M図]

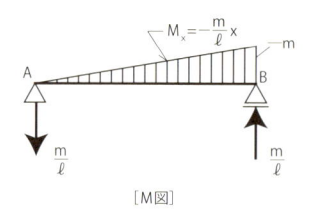

③M図→Q図変換

	A	…	B
x	0		ℓ
Δx		ℓ	
M	0		$-m$
$|\Delta M|$		m	
$|Q| = \dfrac{|\Delta M|}{\Delta x}$		m/ℓ	
+/−		↻	

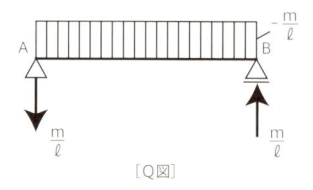

[Q図]

←Point 1

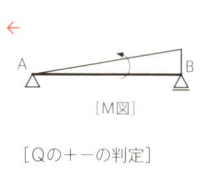

←

[M図]

[Qの+−の判定]

【(3)の解答】

①wとmの関係（←$V_A = 0$の条件）

問(1) A点反力：$V_{A1} = \dfrac{w\ell}{2}$ (↑)

問(2) A点反力：$V_{A2} = -\dfrac{m}{\ell}$ (↓)

$\sum Y = V_{A1} + V_{A2} \equiv 0$

$\dfrac{w\ell}{2} - \dfrac{m}{\ell} = 0$

$\therefore m = \dfrac{w\ell^2}{2}$

②M図、Q図

問(2)のM、Q図のmに$\dfrac{w\ell^2}{2}$を代入して、問(1)のM、Q図と足し合わせると解が得られる。

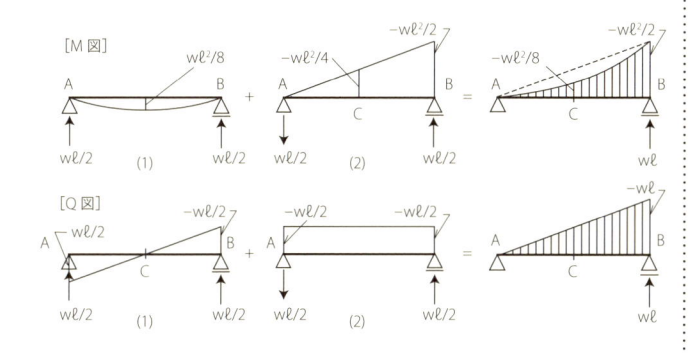

[M図]

[Q図]

←C点の曲げモーメント M_C は、M_A と M_B を用いて、次式で表される（P.86の[Information II]を参照）。

$M_C = \overline{M} + M_0$

$\overline{M} = (M_A + M_B)/2$
$\quad = (0 - \dfrac{w\ell^2}{2})/2$
$\quad = -\dfrac{w\ell^2}{4}$

$M_0 = \dfrac{w\ell^2}{8}$

$\therefore M_C = -\dfrac{w\ell^2}{4} + \dfrac{w\ell^2}{8}$
$\quad = -\dfrac{w\ell^2}{8}$

$\overline{M}$：M_A と M_B の平均値
…M図の(2)のC点の値

基本問題3　単純支持の断面力図（等分布荷重+集中荷重）

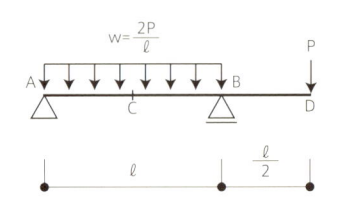

単純支持梁の先端に集中荷重が加わっている。断面力図（M図、Q図）を描け。また、Mの最大値を求めよ。
ただし、$w = \dfrac{2P}{\ell}$とする。

Navi
- 端部の曲げモーメントが変化した場合、等分布荷重時のM図、Q図がどのように変化するか理解してほしい。
- $w \to \bar{P}$変換、$M_P \to Q_P$変換、$M_P \to M_w$変換、$Q_P \to Q_w$変換の方法を用いて解いてみよう。

①反力

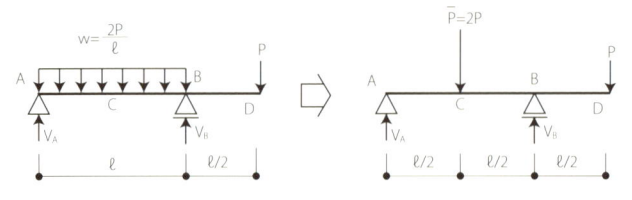

← Point 1
← $\bar{P} = w\ell = 2P$
← 2つの荷重それぞれに対して反力を求めて加えてもよい。

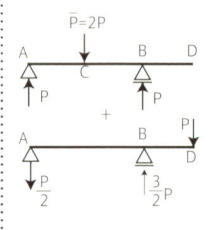

$$\sum Y = V_A(\uparrow) - 2P(\downarrow) + V_B(\uparrow) - P(\downarrow) \equiv 0 \;\rightarrow\; V_A = \dfrac{P}{2}(\uparrow)$$

$$\sum_A M = 2P\left(\dfrac{\ell}{2}\right) - V_B \cdot \ell + P\left(\dfrac{3}{2}\ell\right) \equiv 0 \;\rightarrow\; V_B = \dfrac{5}{2}P(\uparrow)$$

② M_P図：①の右図に対して M_P 図を描く。

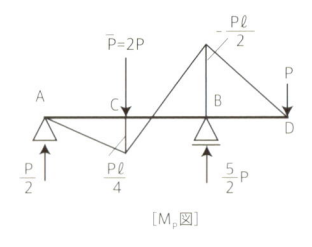

[M_P図]

← 2つの荷重それぞれにM図を描いた後に足し合わせても M_P 図が得られる。

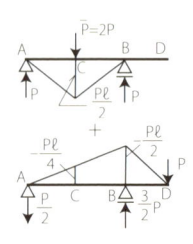

ここで M_C と M_B は次式から求まる。

$$M_C = V_A \times (\text{AC間の長さ}) = \dfrac{P}{2} \times \dfrac{\ell}{2} = \dfrac{P\ell}{4}$$

$$M_B = P_D \times (\text{BD間の長さ}) = P \times \dfrac{\ell}{2} = \dfrac{P\ell}{2}$$

← P_D：D点の集中荷重

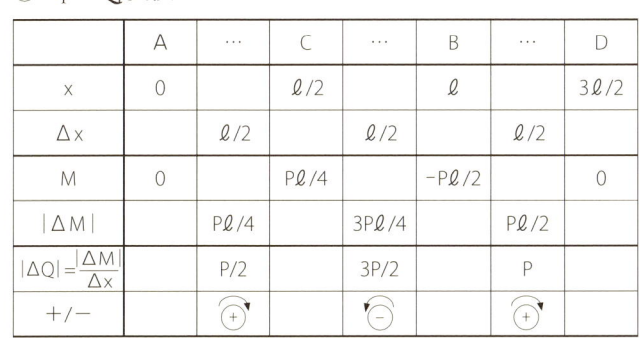

③$M_P → Q_P$変換

	A	…	C	…	B	…	D
x	0		$\ell/2$		ℓ		$3\ell/2$
Δx		$\ell/2$		$\ell/2$		$\ell/2$	
M	0		$P\ell/4$		$-P\ell/2$		0
$\|\Delta M\|$		$P\ell/4$		$3P\ell/4$		$P\ell/2$	
$\|\Delta Q\|=\dfrac{\|\Delta M\|}{\Delta x}$		$P/2$		$3P/2$		P	
$+/-$		⟲(+)		⟳(−)		⟲(+)	

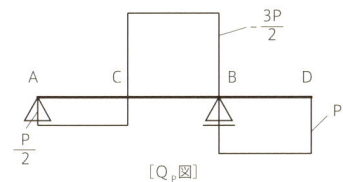

[Q_P図]

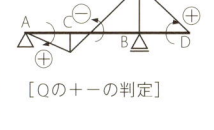

[Qの+−の判定]

④M_P図→M_w変換

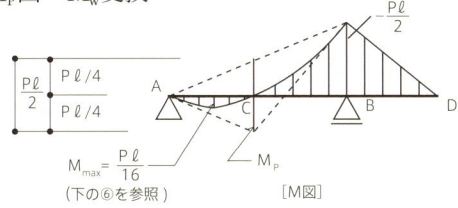

$M_{max}=\dfrac{P\ell}{16}$ （下の⑥を参照）

[M図]

⑤Q_P図→Q_w変換

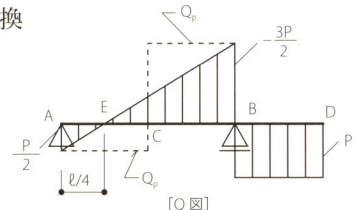

[Q図]

⑥Mの最大値を求める。

⑤のQ=0の点E（x=$\ell/4$）におけるMの値を求める。E点で切断し、モーメントの釣合条件により下のように求まる。

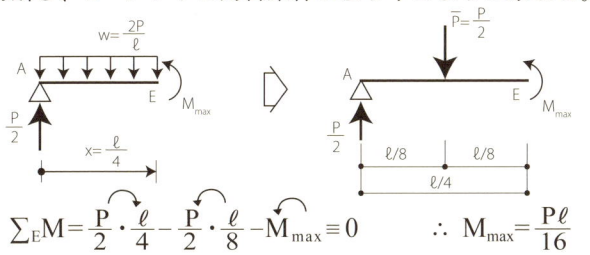

$\sum_E M = \dfrac{P}{2}\cdot\dfrac{\ell}{4} - \dfrac{P}{2}\cdot\dfrac{\ell}{8} - M_{max} \equiv 0$ ∴ $M_{max}=\dfrac{P\ell}{16}$

← P.86の[Information II]を参照。

← M_Cの値（$M_C=0$）は次式からも得られる。
$M_C = \bar{M} + M_0$
$\bar{M} = (M_A+M_B)/2$
$\quad = -\dfrac{P\ell}{4}$
$M_0 = \dfrac{w\ell^2}{8} = \dfrac{P\ell}{4}$

← P.87の[Information III]を参照。

← Q=0の点Eは、
AB間を$\dfrac{P}{2}:\dfrac{3P}{2}=1:3$に内分した点。
∴ $\overline{AE}=\dfrac{1}{(1+3)}\times\overline{AB}=\dfrac{\ell}{4}$

基本問題4　単純支持梁の断面力図（一部分の等分布荷重）

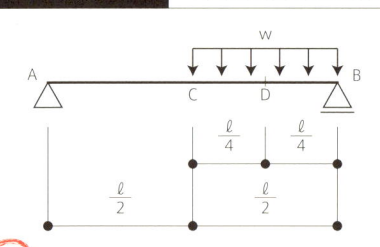

単純支持梁の片側の一部分に等分布荷重が加わっている。M図、Q図を描け。また、C点、D点の曲げモーメントの値と曲げモーメントの最大値を示せ。

Navi
- 荷重が加わってないAC間では、$M_P \to M_w$ は同一になる。
- $w \to \bar{P}$ 変換、$M_P \to Q_P$ 変換、$M_P \to M_w$ 変換、$Q_P \to Q_w$ 変換の方法を用いて解いてみよう。

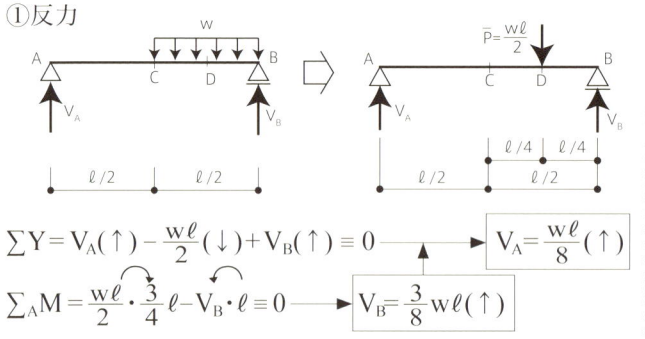

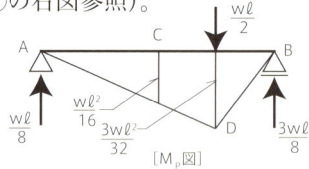

①反力

←Point 1

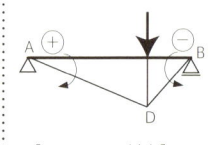

$$\sum Y = V_A(\uparrow) - \frac{w\ell}{2}(\downarrow) + V_B(\uparrow) \equiv 0 \longrightarrow V_A = \frac{w\ell}{8}(\uparrow)$$

$$\sum_A M = \frac{w\ell}{2} \cdot \frac{3}{4}\ell - V_B \cdot \ell \equiv 0 \longrightarrow V_B = \frac{3}{8}w\ell(\uparrow)$$

②M 等分布荷重を、総荷重が等しい集中荷重 $\bar{P}$ に変換して M_P 図を描く（①の右図参照）。

[M_P図]

$\bar{P} = \frac{w\ell}{2}$、$\frac{w\ell^2}{16}$、$\frac{3w\ell^2}{32}$、$\frac{w\ell}{8}$、$\frac{3w\ell}{8}$

← $M_C = V_A \times \overline{AC}$ (AC間)
$= \frac{w\ell}{8} \times \frac{\ell}{2}$
$= \frac{w\ell^2}{16}$

← $M_D = V_B \times \overline{BD}$ (BD間)
$= \frac{3w\ell}{8} \times \frac{\ell}{4}$
$= \frac{3w\ell^2}{32}$

③$M_P \to Q_P$ 変換

	A	…	D	…	B
x	0		$3\ell/4$		ℓ
Δx		$3\ell/4$		$\ell/4$	
M	0		$3w\ell^2/32$		0
$|\Delta M|$		$3w\ell^2/32$		$3w\ell^2/32$	
$\Delta Q = \frac{|\Delta M|}{\Delta x}$		$w\ell/8$		$3w\ell/8$	
+/−		⤴		⤵	

← [Qの+−の判定]

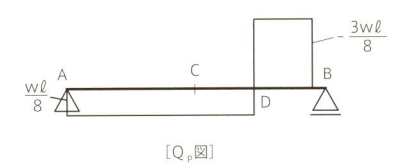

[Q_P図]

④ $M_P \rightarrow M_w$ 変換

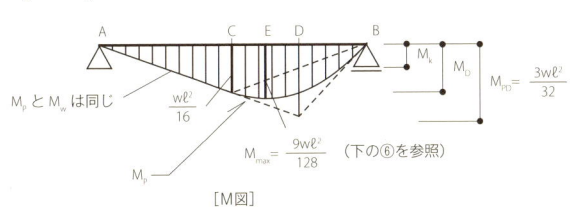

[M図]

M_P と M_w は同じ
$\frac{w\ell^2}{16}$
$M_{max} = \frac{9w\ell^2}{128}$ （下の⑥を参照）
$M_{PD} = \frac{3w\ell^2}{32}$

$M_k = \frac{(M_C+M_B)}{2} = (\frac{w\ell^2}{16}+0)/2 = \frac{w\ell^2}{32}$

$M_D = \frac{(M_k+M_{PD})}{2} = (\frac{w\ell^2}{32}+\frac{3w\ell^2}{32})/2 = \frac{w\ell^2}{16}$

または、

$M_D = (M_k+M_0) = \frac{w\ell^2}{32} + \frac{w}{8}(\frac{\ell}{2})^2 = \frac{w\ell^2}{16}$

⑤ $Q_P \rightarrow Q_w$ 変換

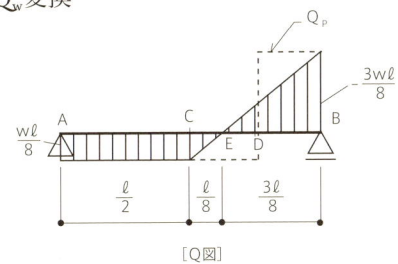

[Q図]

⑥Mの最大値を求める。

⑤のQ=0のE点で切断し、モーメントの釣合からM_{max}を求める。

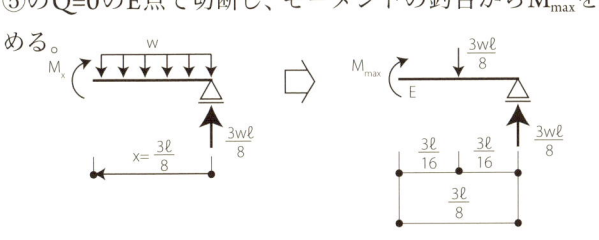

$\sum M_E = M_{max} + \frac{3}{8}w\ell \cdot \frac{3}{16}\ell - \frac{3}{8}w\ell \cdot \frac{3}{8}\ell \equiv 0 \quad \therefore M_{max} = \frac{9w\ell^2}{128}$

←P.86の[Information II]を参照。
←AC間は、wが加わっていないため、M_wとM_Pは同じ。

←Q=0の点Eは、$\overline{BC}$間を
$\frac{w\ell}{8} \cdot \frac{3w\ell}{8} = 1:3$
に内分する点である。

$\therefore \overline{BE} = (\frac{3}{1+3}) \times \overline{BC}$
$= \frac{3}{4} \times \frac{\ell}{2} = \frac{3\ell}{8}$

←$\boxed{M_{max}} \rightarrow \frac{dM}{dx} = 0$
Q=0
$w \cdot x = \frac{3w\ell}{8}$
(V_B)
$\therefore x = \frac{3}{8}\ell$
$\therefore M_{max} = \frac{3}{8}w\ell \times \frac{3\ell}{16}$
$= \frac{9w\ell^2}{128}$

基本問題5　単純支持ラーメンの断面力図

2部材からなる単純支持ラーメンについて(a)、(b)2ケースの場合の断面力図を描け。

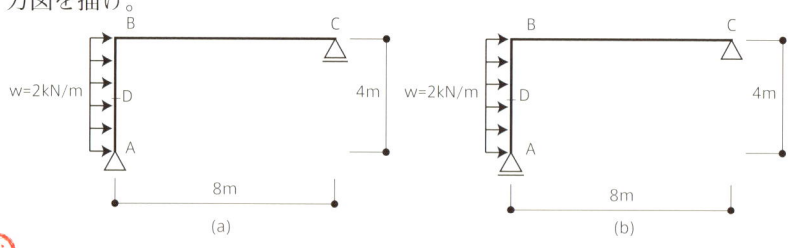

(a), (b) 図：w=2kN/m の等分布荷重、高さ4m、スパン8m のラーメン

Navi
- 単純支持ラーメンのピンとローラーが入れ換わるとM図、Q図がどのように変化するか理解してほしい。
- $w \rightarrow \bar{P}$ 変換、$M_P \rightarrow Q_P$ 変換、$M_P \rightarrow M_w$ 変換、$Q_P \rightarrow Q_w$ 変換の方法を用いて解いてみよう。

【(a)の解答】

①反力：等分布荷重を、総荷重が等しい集中荷重 $\bar{P}$ に変換して反力を求める。　←Point 1

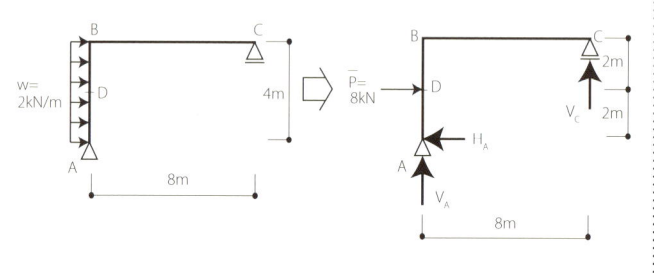

$\bar{P} = w \times 4^m$
　　$= 2^{kN/m} \times 4^m$
　　$= 8kN$

$\sum X = -8^{kN}(\rightarrow) + H_A(\leftarrow) \equiv 0 \rightarrow \boxed{H_A = 8kN(\leftarrow)}$

$\sum Y = V_A(\uparrow) + V_C(\uparrow) \equiv 0 \rightarrow \boxed{V_A = -V_C} \rightarrow \boxed{V_A = -2kN(\downarrow)}$

$\sum_A M = 8^{kN} \cdot 2^m - V_C \cdot 8^m \equiv 0 \rightarrow \boxed{V_C = 2kN(\uparrow)}$

100

②M_P図：$\overline{P}$と反力を用いてM_P図を描く。

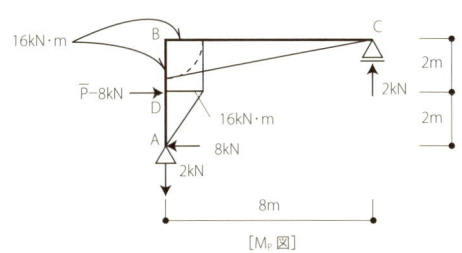

←$M_B = V_C \times 8^m$
　　$= 2^{kN} \times 8^m$
　　$= 16 kN \cdot m$

←$M_D = H_A \times 2^m$
　　$= 8^{kN} \times 2^m$
　　$= 16 kN \cdot m$

[M_P図]

③M_P→Q_P変換

	Y				X		
	A	…	D	…	B	B	…	C
x	0		2		4	0		8
Δx		2		2			8	
M	0		16		16	16		0
|ΔM|		16		0			16	
$\|\Delta Q\| = \frac{\|\Delta M\|}{\Delta x}$		8		0			2	
+/−		⊕					⊖	

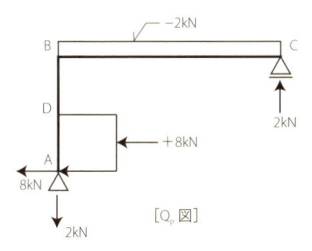

[Q_P図]

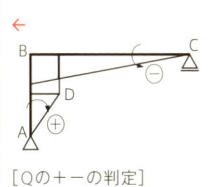

[Qの+−の判定]

←P.86の[Information II]を参照。
←BC間はM_P＝M_w

④M_P→M_w変換

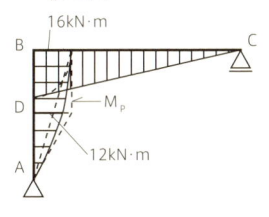

[M図]
[AB間の拡大]

$M_k = \dfrac{(M_A + M_B)}{2} = (0 + 16^{kN \cdot m})/2^m = 8 kN \cdot m$

$M_D = \dfrac{(M_k + M_{PD})}{2} = (8^{kN \cdot m} + 16^{kN \cdot m})/2^m = 12 kN \cdot m$

または、

$M_D = (M_k + \dfrac{w\ell^2}{8}) = 8^{kN \cdot m} + [(2 \times 4^2)/8]^{kN \cdot m} = 12 kN \cdot m$

⑤ $Q_p → Q_w$ 変換

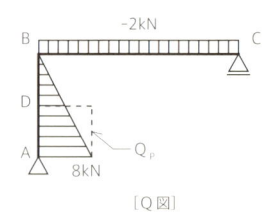

[Q図]

← P.86の[Information II]を参照。
← BC間は $Q_p = Q_w$

⑥ N図

(i) AB間切断

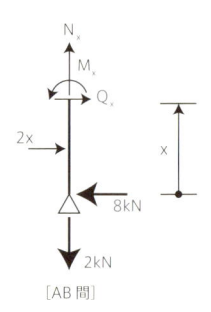

[AB間]

← 切り口に、3つの断面力の(N_x、Q_x、M_x)を示しているが、N_xのみを求めればよい。
→ N_xの方向の釣合式を立てればよい。

● AB間：$\sum Y = N_x(↑) - 2^{kN}(↓) \equiv 0$　　∴ $N_x = 2kN$（引張）

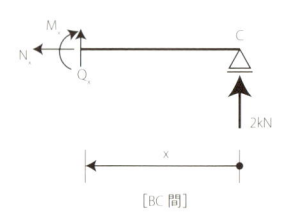

[BC間]

● BC間：$\sum X = N_x(←) \equiv 0$　　　　∴ $N_x = 0$

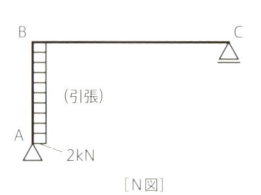

[N図]

【(b)の解答】

①反力

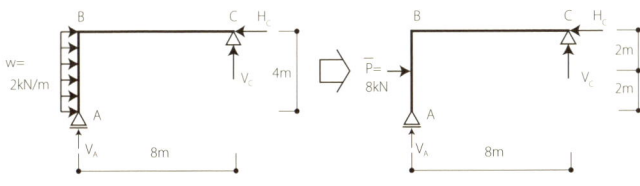

← Point 1
← $\overline{P} = w \times 4^m$
  $= 2^{kN/m} \times 4^m$
  $= 8kN$

$\sum X = -8(\rightarrow) + H_C(\leftarrow) \equiv 0 \longrightarrow \boxed{H_C = 8kN(\leftarrow)}$

$\sum Y = V_A(\uparrow) + V_C(\uparrow) \equiv 0 \longrightarrow \boxed{V_C = -V_A} \rightarrow \boxed{V_C = -2kN(\downarrow)}$

$\sum_C M = 8^{kN} \cdot 2^m - V_A \cdot 8^m \equiv 0 \longrightarrow \boxed{V_A = 2kN(\uparrow)}$

②M_P図：①の右図に対してM_P図を描く。

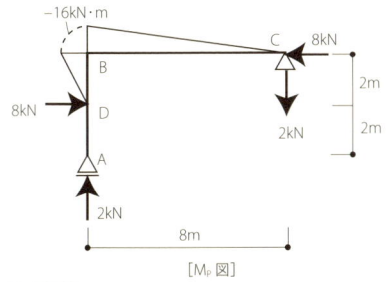

← $M_B = V_C \times 8^m$
  $= 2^{kN} \times 8^m$
  $= 16^{kN \cdot m}$

[M_P図]

③$M_P \rightarrow Q_P$変換

	Y				X		
	A	…	D	…	B	B	…	C
x	0		2		4	0		8
Δx		2		2			8	
M	0		0		−16	−16		0
|ΔM|		0		16			16	
$\|\Delta Q\| = \frac{\|\Delta M\|}{\Delta x}$		0		8			2	
+/−				⊖			⊕	

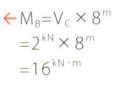

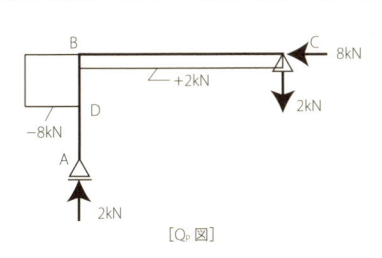

[Q_P図]

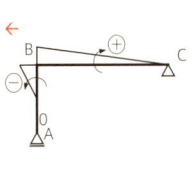

[Qの+−の判定]

④$M_P \to M_w$ 変換

[M図]

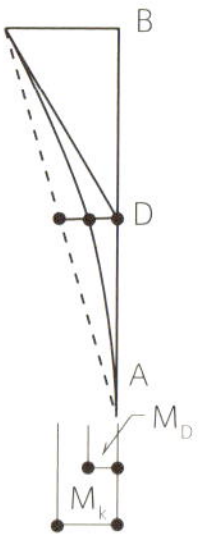

$M_k = \dfrac{(M_A + M_B)}{2} = (0-16)/2 = -8 \text{kN·m}$

$M_D = \dfrac{(M_k + M_{PD})}{2} = (-8+0)/2 = -4 \text{kN·m}$

または、

$M_D = (M_k + \dfrac{w\ell^2}{8}) = -8 + (2 \times 4^2)/8 = -4 \text{kN·m}$

⑤$Q_P \to Q_w$ 変換

[Q図]

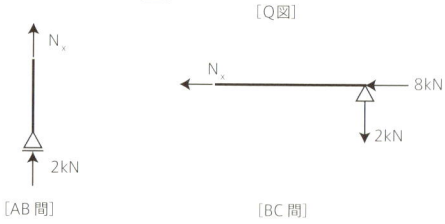

⑥N図

[AB間]　　[BC間]

● AB間：$\sum Y = N_x(\uparrow) + 2^{kN}(\uparrow) \equiv 0$　∴ $N_x = -2 \text{kN}$（圧縮）

● BC間：$\sum X = \overleftarrow{N_x} + 8^{kN} \equiv 0$　　　∴ $N_x = -8 \text{kN}$（圧縮）

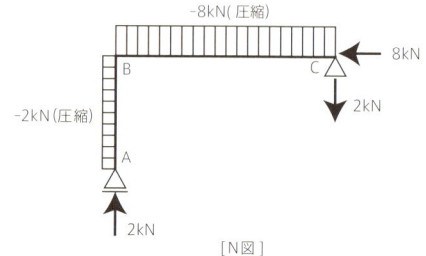

[N図]

←P.86の[Information II]を参照。
←BC間は$M_P = M_w$

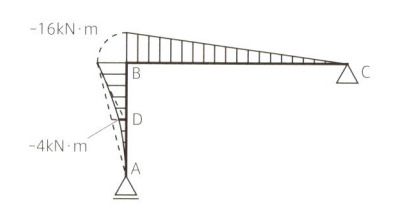

←P.87の[Information III]を参照。
←BC間は$Q_P = Q_w$

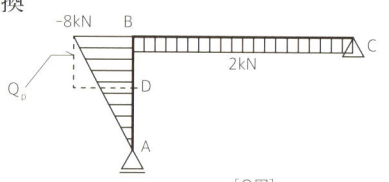

←切り口においてM_x、Q_xは省略している。

Challenges

4−1 片側の一部分に等分布荷重が加わっている単純支持梁のM図とQ図を描け。なお、梁の下側にQの(＋)を描くものとする。ただし、0＜α＜1とし、D点はBCの中点とする。

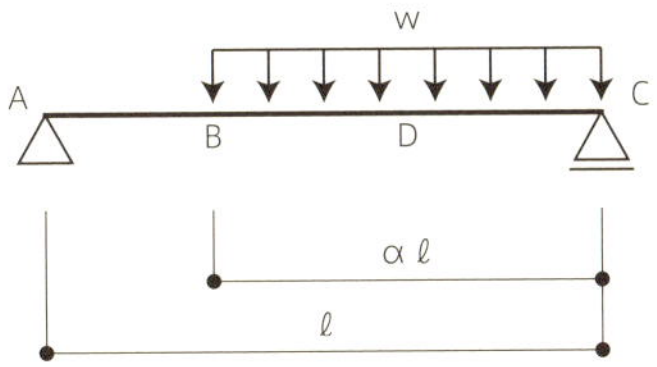

4−2 M、Q、N図を描け。

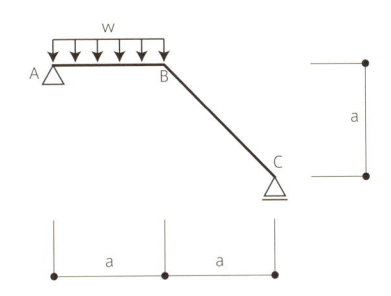

4−3 M、Q、N図を描け。

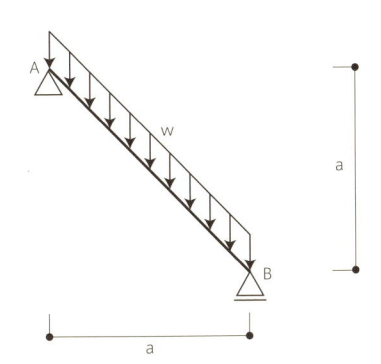

4-4 M、Q、N図を描け。

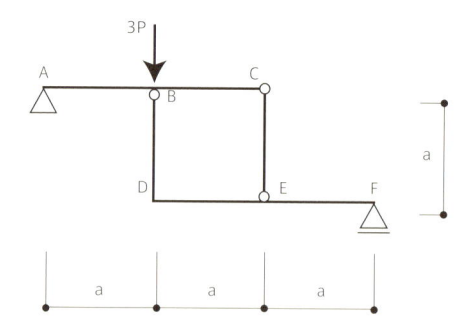

ヒント 反力を求めた後B、E点で切断して2つの架構に分け、それぞれに対してM、Q、N図を描けばよい。

Challenges 解答

4−1

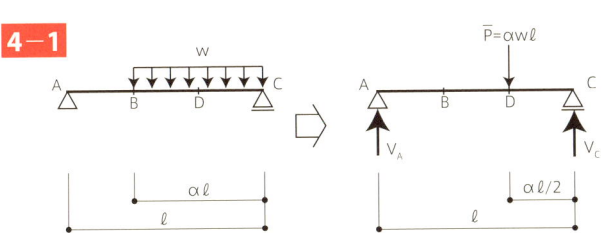

①反力

$$\sum Y = V_A(\uparrow) - \alpha w\ell(\downarrow) + V_C(\uparrow) \equiv 0 \longrightarrow V_C = \alpha w\ell - V_A$$

$$V_C = \alpha w\ell\left(1 - \frac{\alpha}{2}\right)(\uparrow)$$

$$\sum_C M = V_A\ell - \alpha w\ell\left(\frac{\alpha\ell}{2}\right) \equiv 0 \longrightarrow V_A = \frac{\alpha^2 w\ell}{2}(\uparrow)$$

←Point 1

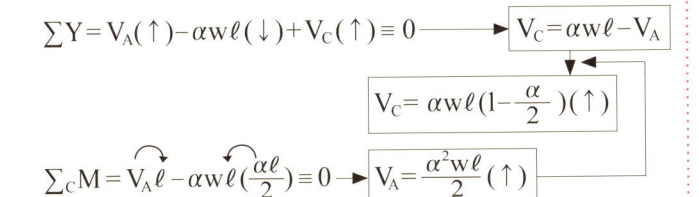

②M_P図、Q_P図

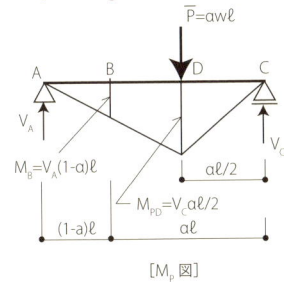

[M_P図] $M_B = V_A(1-\alpha)\ell$, $M_{PD} = V_C \alpha\ell/2$

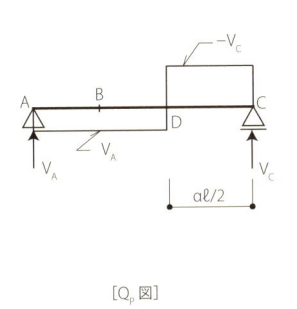

[Q_P図]

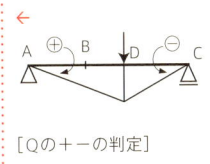

[Qの+−の判定]

③M_P図からM_w図を描く。

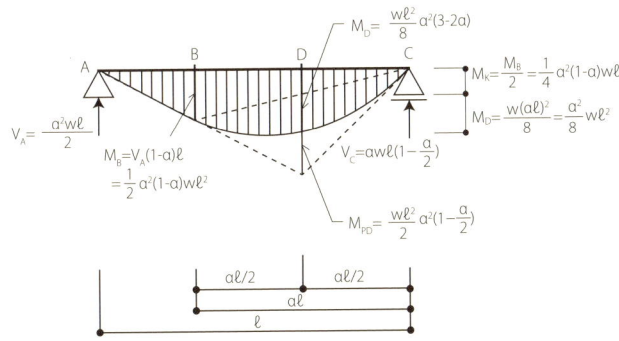

$M_D = \frac{w\ell^2}{8}\alpha^2(3-2\alpha)$

$M_K = \frac{M_B}{2} = \frac{1}{4}\alpha^2(1-\alpha)w\ell^2$

$M_D = \frac{w(\alpha\ell)^2}{8} = \frac{\alpha^2}{8}w\ell^2$

$V_A = \frac{\alpha^2 w\ell}{2}$

$M_B = V_A(1-\alpha)\ell = \frac{1}{2}\alpha^2(1-\alpha)w\ell^2$

$V_C = \alpha w\ell\left(1 - \frac{\alpha}{2}\right)$

$M_{PD} = \frac{w\ell^2}{2}\alpha^2\left(1 - \frac{\alpha}{2}\right)$

←$M_D = M_K + M_O$

[M図]

④Q_P図から直接Q_w図を描く。 ←P.87の[Information Ⅲ]を参照。

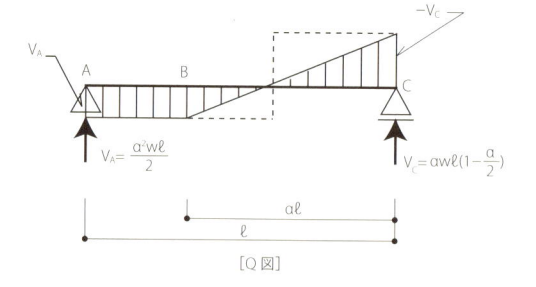

[Q図]

4-2

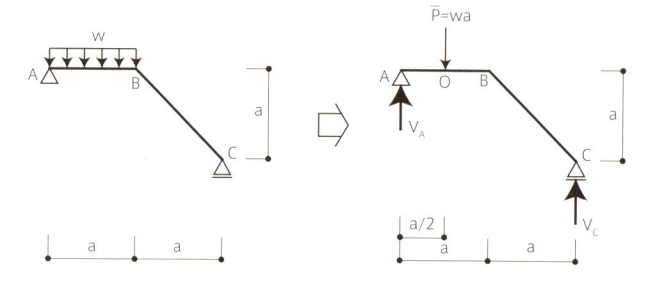

①反力

$\sum Y = V_A(\uparrow) - wa(\downarrow) + V_C(\uparrow) \equiv 0 \longrightarrow V_A = wa - V_C$

$$V_A = \frac{3}{4}wa(\uparrow)$$

$\sum_A M = wa \cdot \frac{a}{2} - V_C \cdot 2a \equiv 0 \longrightarrow V_C = \frac{wa}{4}(\uparrow)$

←Point 1

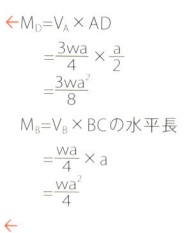

②M_P図、Q_P図

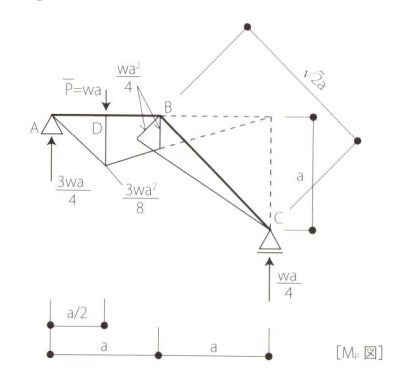

[M_P図]

←$M_D = V_A \times AD$
$= \frac{3wa}{4} \times \frac{a}{2}$
$= \frac{3wa^2}{8}$

$M_B = V_B \times BC$の水平長
$= \frac{wa}{4} \times a$
$= \frac{wa^2}{4}$

←

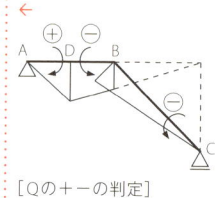

[Qの+-の判定]

		Y				XY	
	A	…	D	…	B	…	C
x	0		a/2		a		$\sqrt{2}$a
Δx		a/2		a/2		$\sqrt{2}$a	
M	0		3wa²/8		wa²/4		0
|ΔM|		3wa²/8		wa²/8		wa²/4	
$\|\Delta Q\|=\frac{\|\Delta M\|}{\Delta x}$		3wa/4		wa/4		$\sqrt{2}$wa/8	
+/−		⊕		⊖		⊖	

←BC間のΔxは部材に沿って考えることに注意。

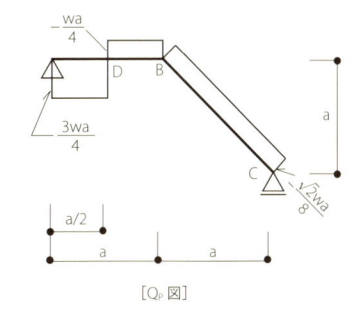

[Q_P 図]

③ M_P 図から M_w 図を描く。

←P.86の[Information II]を参照。
←BC間は$M_P=M_w$

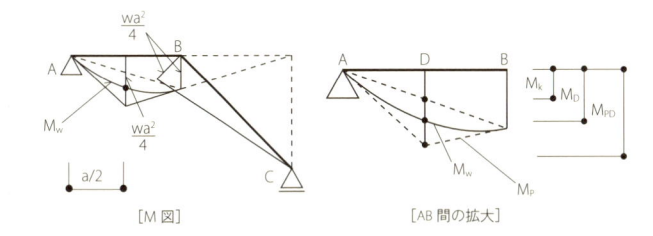

[M 図]　　　　[AB 間の拡大]

$$M_k = (M_A + M_B)/2 = (0 + \frac{wa^2}{4})/2 = \frac{wa^2}{8}$$

$$M_D = M_k + M_O = \frac{wa^2}{8} + \frac{wa^2}{8} = \frac{wa^2}{4}$$

←M_Dは次式でも得られる。
$M_D = (M_k + M_{PD})/2$
　　$= (\frac{wa^2}{8} + \frac{3wa^2}{8})/2$
　　$= \frac{wa^2}{4}$

④ $Q_P \to Q_w$ 変換

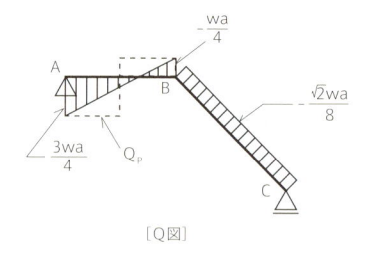

[Q図]

← P.87の[Information Ⅲ]を参照。

⑤ N図

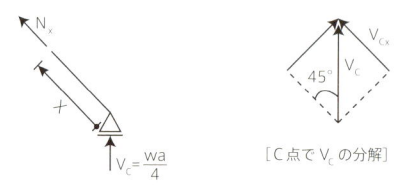

[C点でV_Cの分解]

← [AB間]で切断すると、$H_A=0$のため($\Sigma X=0$より)明らかに$N=0$。

● V_CのB_C材方向の成分

$$V_{Cx} = V_C \cos 45° = \frac{wa}{4} \cdot \frac{1}{\sqrt{2}}$$

$$= \frac{\sqrt{2}wa}{8}$$

← $\Sigma X=0$の釣合式はBC材に沿った方向(ここではx方向)の釣合いを考える。このため、V_CのB_C材方向の成分V_{Cx}を求めておく。

● 釣合式

$$\Sigma X = N_x(\nwarrow) + V_{Cx}(\searrow) \equiv 0$$

$$\therefore N_x = -V_{Cx}$$

$$= -\frac{\sqrt{2}wa}{8} \text{ (圧縮)}$$

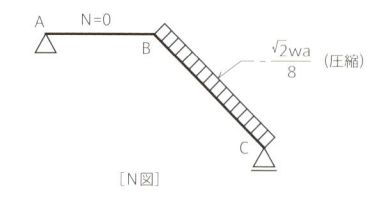

[N図]

4-3

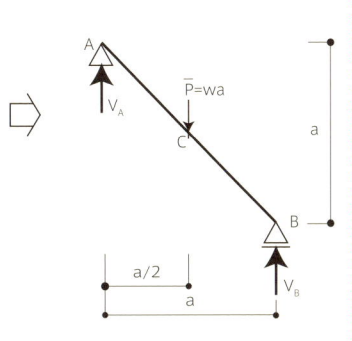

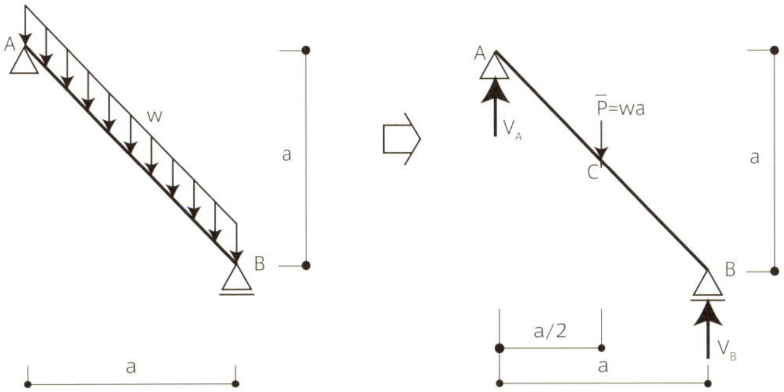

①反力

$$\sum Y = V_A(\uparrow) - wa(\downarrow) + V_B(\uparrow) \equiv 0 \longrightarrow \boxed{V_A = \frac{wa}{2}(\uparrow)}$$

$$\sum_A M = wa \cdot \frac{a}{2} - V_B \cdot a \equiv 0 \longrightarrow \boxed{V_B = \frac{wa}{2}(\uparrow)}$$

←Point 1

②M_P図、Q_P図

[M_P図]　[Q_P図]

←$M_C = V_A \times$ AC の水平長
$= \frac{wa}{2} \times \frac{a}{2}$
$= \frac{wa^2}{4}$

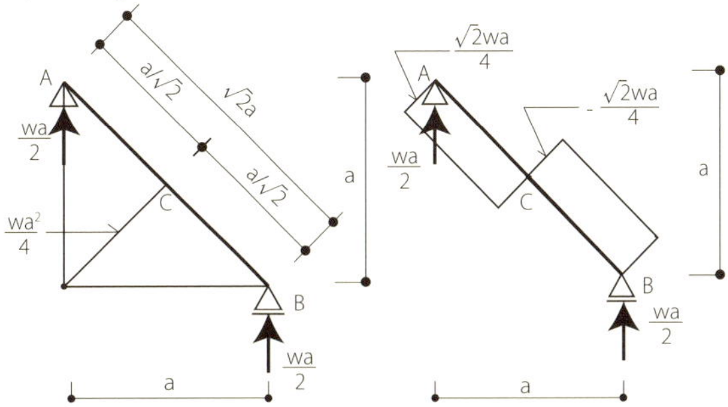

←

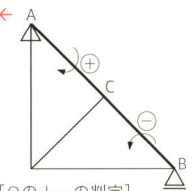

[Qの+-の判定]
←Qの値：Δx は AB 材に沿って考える。
[AC間]
$|\Delta M| = wa^2/4$
$\Delta x = a/\sqrt{2}$
$|Q| = |\Delta M|/\Delta x = \sqrt{2}wa/4$
[BC間] も同じ

←P.86 の [Information II] を参照。
←$M_k = (M_A + M_B)/2 = 0$
$M_C = M_k + M_0$
$= 0 + \frac{wa^2}{8} = \frac{wa^2}{8}$
または
$M_C = (M_k + M_{PC})/2$
$= (0 + \frac{wa^2}{4})/2$
$= \frac{wa^2}{8}$

③$M_P \to M_w$ 変換

[M図]

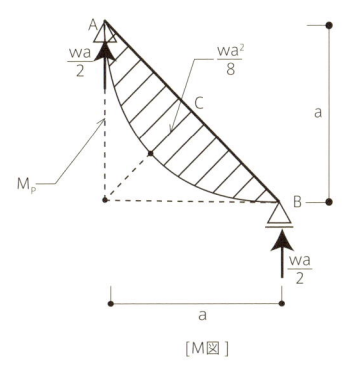

④ $Q_P \to Q_w$ 変換

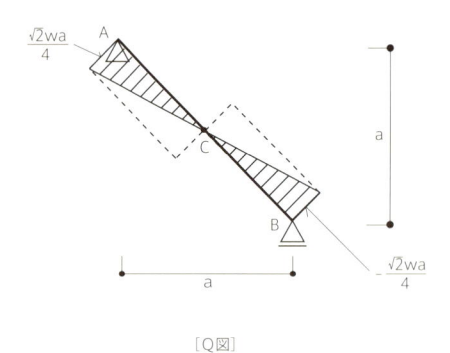

← P.87の[Information III]を参照。

[Q図]

⑤ N図

[AB間] $0 \leq x \leq \sqrt{2}a$

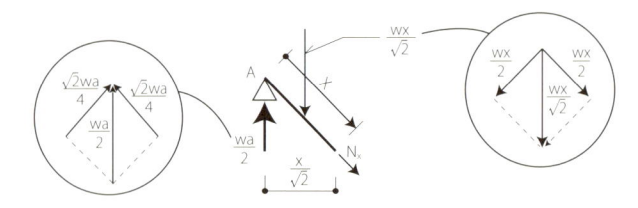

$$\sum X = \frac{\sqrt{2}wa}{4}(\nwarrow) - \frac{wx}{2}(\searrow) - N_X(\searrow) \equiv 0$$

$$\therefore N_x = -\frac{wx}{2} + \frac{\sqrt{2}wa}{4}$$

$$= \frac{w}{4}(-2x + \sqrt{2}a)$$

← $\frac{wx}{2}$ は、$\frac{wx}{\sqrt{2}}$ の N_x 方向の成分。

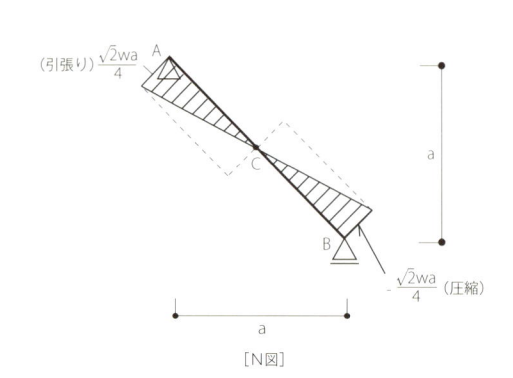

(引張り) $\frac{\sqrt{2}wa}{4}$

$\frac{\sqrt{2}wa}{4}$ (圧縮)

[N図]

4-4

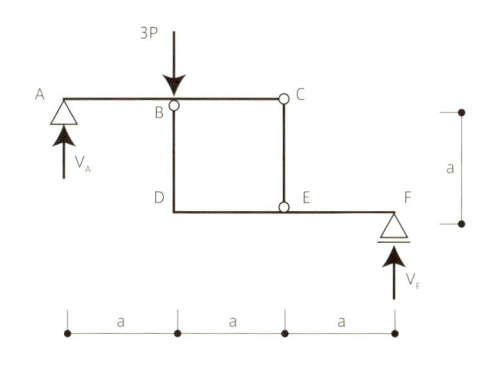

①反力

$$\sum Y = V_A(\uparrow) + V_F(\uparrow) - 3P(\downarrow) \equiv 0 \longrightarrow \boxed{V_A = 2P(\uparrow)}$$

$$\sum_A M = 3P \cdot a - V_F \cdot 3a \equiv 0 \longrightarrow \boxed{V_F = P(\uparrow)}$$

←Point 1

②架構をB点とE点で切断しそれぞれのM、N、Q図を求める。

←Point 2〜4
←切り口には、作用反作用の法則に従って、架構相互に力の切り取りが生じる。この力を表すためにピン支点を設ける。

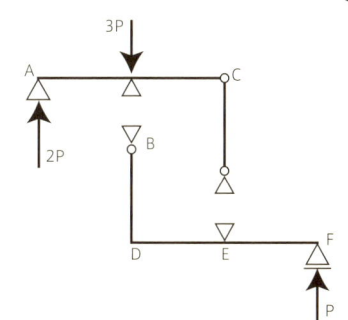

②上の架構

[反力]　$V_B = P$、$V_E = 2P$

[M図]　$2Pa$

[Q図]　$-\dfrac{2Pa}{a} = -2P$、$\dfrac{|\Delta M|}{\Delta x} = \dfrac{2Pa}{a} = 2P$

[N図]　$-2P$（圧縮）

←[反力]を求める際には、①で求めた反力は外力として考える。左の反力は、2Pと3Pの荷重に対して、V_BとV_Eを求めている。

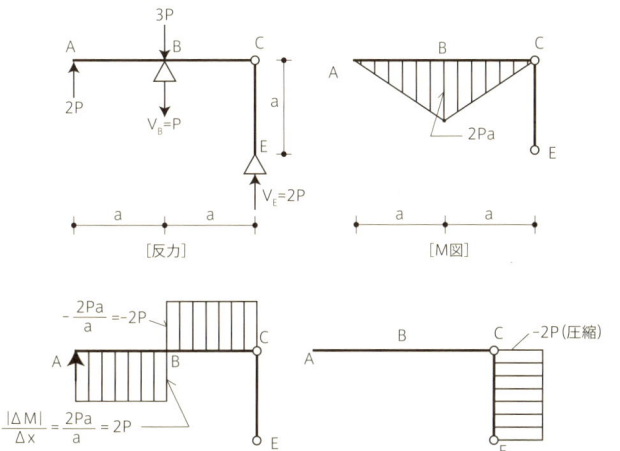

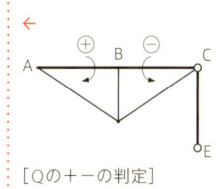

←[Qの+−の判定]

③下の架構

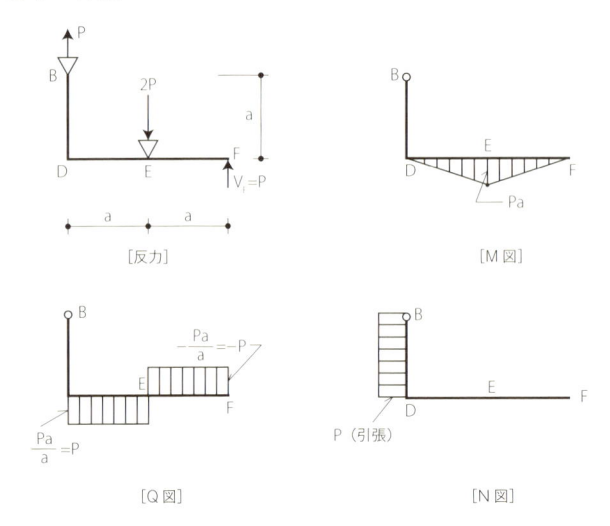

[反力]

[M図]

[Q図]

[N図]

④上下の架構のM、N、Q図を加える。

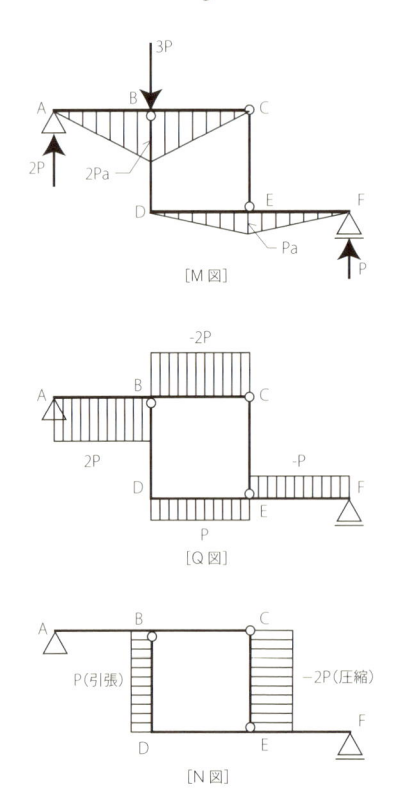

[M図]

[Q図]

[N図]

← [反力]ピンに生じる反力は、②の[反力]を逆方向にすればよい（作用反作用の法則）。

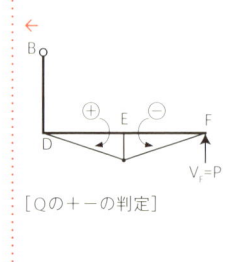

←

[Qの＋－の判定]

←Point 5 – 6

力の定義

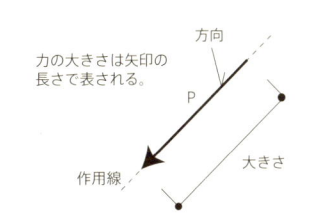

①力の大きさ(P)
②力の方向
③力の作用点(または作用線の位置)

力の大きさは矢印の長さで表される。
方向
作用線
大きさ

言い換えれば、上の3要素が同一の場合、2つ以上の力は同じと見なすことができる。また、①、②が同じでも③の作用線が異なれば、それらの力は異なる。

> **Memo**
> ある力を作用線上で移動させてもその力の効果は変わらない。
> 平行移動すると異なる力になってしまうので注意。

力の合成　……［2つの力P_1とP_2を合成して、合力Pを求める］

【手順】
① P_1とP_2の作用線の交点Oを求める。
　…合力Pの作用点
② O点にP_1とP_2の始点を移動する。
　（P_1、P_2ともに作用線上を移動させる）
③ ②のP_1とP_2を2辺とする平行四辺形を描く。
④ ③の平行四辺形の、O点から対角位置A点に向かう矢印が、合力P。

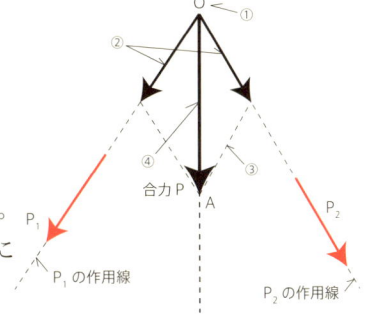

> **Memo**
> ≪誤答例≫……「示力図」は合力の大きさと方向のみ求まる。
>
> P_1とP_2の合力を求める問題において、P_1の終点にP_2'(P_2を平行移動したもの)の始点をつないで、力の三角形を描き、P_1の始点とP_2'の終点をつなぐベクトルP'を解答としたもの。このように求めた三角形は「示力図」と呼ばれるが、示力図で得られたPの大きさと方向は正しいが、作用線は誤っている。P_2を平行移動したことが間違い。

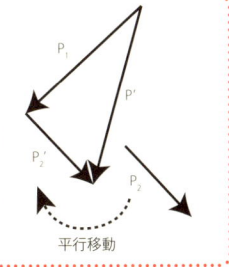

力の分解 ……………………………………………………[PをP₁とP₂の2つに分ける]

《作用線と作用点がそれぞれ1つだけ定まっている場合》
…Pを定められた作用線上の力P₁と定められた作用点を通る力P₂の2つの力に分ける。

【手順】
① Pの作用線とP₁の作用線の交点Oを求める。
② P₂の作用点とO点を結ぶ線（P₂の作用線）を描く。
③ Pの始点がO点と一致するまで作用線上を移動する。
④ ③のPを対角線とする平行四辺形（2辺はP₁の作用線と②の作用線）を描く。
⑤ 平行四辺形のO点を含む2辺で、O点を始点とするベクトルが、P₁とP₂となる。
⑥ この時、示力図は$\vec{P}=\vec{P_1}+\vec{P_2}$となる（ベクトルの和）。

Memo

≪Pを2つの作用点を通る2つの力（P₁、P₂）に分解する≫

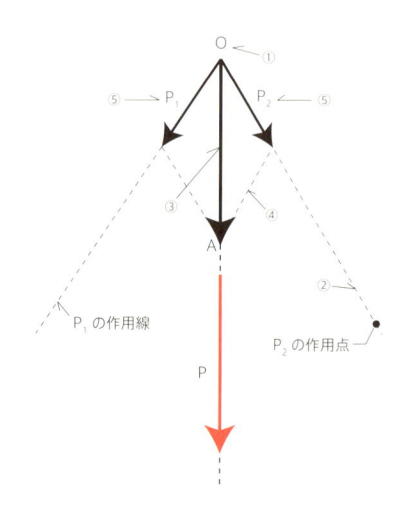

Pを2つの作用点を通る2力に分ける場合には、
答えは1つではない（答えは無数に存在する）
………【条件不足】

≪Pを2つの作用線を持つ2つの力（P₁、P₂）に分解する≫

答えが求まらない
………【条件過多】

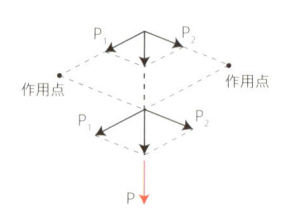

力の釣合いと示力図

《Pと釣り合う2つの力P₁、P₂を求める》
…P₁は定められた作用線にあり、P₂は定められた作用点を通る。

◉手順は「分解」と同じ。ただし、P₁とP₂の方向は逆となる。

◉P、P₁、P₂の作用線は1点で交わる。
………………………………… 数式解法のΣM＝0に相当

◉P、P₁、P₂の力の矢印を平行移動して、ある力の終点に他の力の始点をつなげて一筆書きのように描くと、三角形（力が4個以上の場合は多角形）が求まる。これは「示力図」あるいは「力の三角形（多角形）」と呼ばれる。

①示力図は釣り合っている場合、閉じた三角形（多角形）となる。この状態を「示力図が閉じる」と称する。

②釣合状態の示力図を数字のベクトルを用いて表すと、次のように書ける。

$$\vec{P}+\vec{P_1}+\vec{P_2}+\cdots\vec{P_n}=0$$
………………………… 数式解法のΣX＝0、ΣY＝0に相当。

③示力図は、P、P₁、P₂のいずれかを平行移動させて得られているため、平行四辺形を形成している元の力とは異なっているが、大きさと方向は一致している。

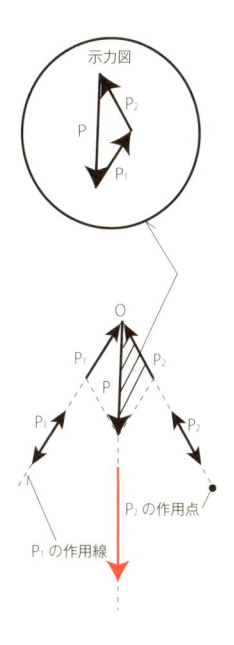

【著者紹介】

◎岡田 章（おかだ・あきら）
1954 年　徳島県生まれ
1977 年　日本大学理工学部建築学科 卒業
1982 年　日本大学大学院理工学研究科博士後期課程 単位取得退学
竹中工務店・技術研究所勤務を経て、
1990 ～ 2023 年　日本大学理工学部建築学科にて助手・専任講師・助教授・教授・特任教授
現在、日本大学名誉教授
博士（工学）、一級建築士、日本工学会フェロー

【構造設計、技術協力】
東京ドーム、横浜アリーナ、日本大学理工学部先端材料科学センター、船橋日大前駅、中国木材名古屋事業所、3331 Arts Chiyoda など

【受賞】
Tsuboi Awards（国際シェル空間構造学会）、JSCA 賞（日本建築構造技術者協会）、日本建築学会教育賞（教育貢献）など

【主な著書（共著）】
「ケーブル構造設計指針・同解説」日本建築学会（1994 年）、「新しい建築空間—ハイブリッド構造の新展開—」日本鋼構造協会（2009 年）、「絵で見る ちからとかたち」日本建築学会（2013 年）、「構造用教材」日本建築学会（2014 年）など

◎宮里直也（みやさと・なおや）
1975 年　宮崎県生まれ
1998 年　日本大学理工学部建築学科　卒業
2003 年　日本大学大学院理工学研究科博士後期課程　修了
日本大学副手、構造計画プラス・ワン勤務を経て、
2008 年から日本大学理工学部
現在、建築学科教授
博士（工学）、一級建築士、構造設計一級建築士

【構造設計、技術協力】
唐戸ブリッジ、BTK ギャラリー、3331 Arts Chiyoda、BDS 柏の杜、バイオ・ストラクチャー（愛知万博）など

【受賞】
ALUPROGETTO AWARD（アルミニウム構造物国際賞）、日本建築学会教育賞（教育貢献）、JSCA 賞など

【主な著書（共著）】
「建築の構造設計—そのあるべき姿—」日本建築学会（2010 年）、「建築構造力学」（上・下）理工図書（2011 年）、「鋼構造建築のためのガラスファサード設計・施工ガイドブック」日本鋼構造協会（2014 年）など

くわしすぎる 構造力学演習 I　M・Q・N図編
2014年8月10日　第1版　発　行
2024年5月10日　第1版　第4刷

	著　者	岡　田　　章・宮　里　直　也
著作権者と の協定によ り検印省略	発行者	下　　出　　雅　　徳
	発行所	株式会社　彰　国　社

162-0067　東京都新宿区富久町8-21
電話　03-3359-3231（大代表）
振替口座　00160-2-173401

自然科学書協会会員
工学書協会会員

Printed in Japan

Ⓒ 岡田章・宮里直也　2014年　　　　　印刷：三美印刷　製本：中尾製本

ISBN 978-4-395-32011-0　C3052　　https://www.shokokusha.co.jp

本書の内容の一部あるいは全部を、無断で複写（コピー）、複製、および磁気または光記録媒体等への入力を禁止します。許諾については小社あてご照会ください。